21世纪职业教育教材·财经商贸系列

企业行政管理实务

（第三版）

主　编　李瑛珊
副主编　周　梁　潘琦华

北京大学出版社
PEKING UNIVERSITY PRESS

图书在版编目（CIP）数据

企业行政管理实务/李瑛珊主编. —3 版. —北京： 北京大学出版社，2019. 4
全国职业教育规划教材·财经商贸系列
ISBN 978-7-301-30293-4

Ⅰ. ①企… Ⅱ. ①李… Ⅲ. ①企业管理—行政管理—高等职业教育—教材 Ⅳ. ①F272.9

中国版本图书馆 CIP 数据核字（2019）第 034627 号

书 名	企业行政管理实务（第三版）	
	QIYE XINGZHENG GUANLI SHIWU（DI-SANBAN）	
著作责任者	李瑛珊　主编	
责 任 编 辑	成 淼	
标 准 书 号	ISBN 978-7-301-30293-4	
出 版 发 行	北京大学出版社	
地 址	北京市海淀区成府路 205 号　　100871	
网 址	http://www.pup.cn　　新浪微博:@北京大学出版社	
编辑部邮箱	zyjy@pup.cn	
总编室邮箱	zpup@pup.cn	
电 话	邮购部 010-62752015　发行部 010-62750672　编辑部 010-62704142	
印 刷 者	河北滦县鑫华书刊印刷厂	
经 销 者	新华书店	
	787 毫米×1092 毫米　16 开本　10.5 印张　298 千字	
	2009 年 9 月第 1 版　2011 年 8 月第 2 版	
	2019 年 4 月第 3 版　2025 年 2 月第 6 次印刷（总第 24 次印刷）	
定 价	32.00 元	

第三版前言

为了加快企业急需人才的建设,特别是加强各类企业办公行政管理人员的培养力度,我们对《企业行政管理实务》(第二版)的有关内容进行了修订。结合企业行政管理的最新发展,增加了能力目标、素养目标、关键词、知识结构和案例导入等环节,并修订了最新的企业行政管理、企业行政管理案例、知识链接、理论联系实际等内容,以突出高职高专特色,服务于高职高专教育培养高等技术应用型、技能型人才的目标。

应广大读者的要求,本书还在《企业行政管理实务》(第二版)的基础上增加了课后选择题、判断题和简答题,使理论紧密结合实际,以便拓展学生思维。

此外,"企业行政管理实务"课程是广东省教育厅立项的精品课程,具有网络学习的案例库、教案、专题讲座库、实训指导、教学录像、作业系统和考试系统等丰富的网络资源。本教材习题配有配套教材和授课课件,欢迎发邮件索取,邮箱为:gongzhu1116@126.com。

本次修订分工如下:广东科学技术职业学院李瑛珊教授主审;周梁副教授修订第一、第三、第四章;潘琦华教授修订第二章;姚凌云老师修订第五、第六章;李瑛珊教授修订第七章。

本次修订工作还得到了江门亚什兰化工有限公司厂长马福年的热情指导,马家喜、伍羊等同人对本教材的编写给予了热情的帮助和支持,在此谨向他们表示深深的感谢和敬意!

编　者

2019 年 1 月

目　录

第一章 │ 企业行政管理概述

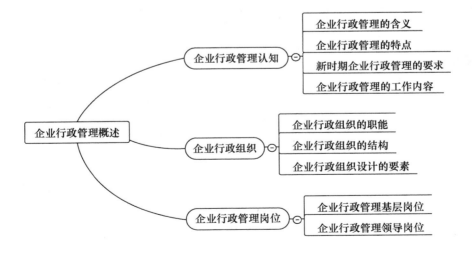

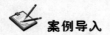案例导入

行政管理的三个阶段

冰冰（本书虚拟人物名称）从最基础的工作干起，现在是××企业的行政负责人。她从自己的切身工作经历中，总结出企业行政管理工作人员一般要经历的三个阶段。

行政管理工作的第一个阶段：刚刚大学毕业的冰冰进入新公司，成为一名最基层的行政人员，做了很多基础性的工作。从"帮助总裁秘书整理名片"这种小事做起，慢慢升为行政主管。

行政管理工作的第二个阶段：改变员工思维，引导精细管理。因为第一家公司搬迁，她也换到一家国际知名公司。作为这家公司的行政管理人员，冰冰开始用"指导性的方式去做管理"。她把完成任务的优秀团队做成培训材料，给员工一种"正向引导"。在给新员工做入职培训的时候，她就用这些材料作为事例。冰冰细心周到的工作得到了董事长的肯定。

行政管理工作的第三个阶段：行政人员需要沉淀思考，凝聚企业价值。目前冰冰所在的企业不同于她之前服务的公司或者行业，其员工众多，产业多样。领导、员工需求各不相同，有共性也有特殊性，这一切都需要冰冰去把握。入职后，她开始着手梳理公司流程，建立了企业"岗位、工作流程说明书"，统一规定了接待流程、会议服务流程等。这些说明书简单明了，每个人使用起来都很方便。这样就把行政可以提供的服务最大化、精细化。

思考：

（1）学习行政管理专业以后可以从事什么样的工作？

（2）企业行政管理岗位主要是干什么的？

（3）如何成为一名优秀的企业行政管理人才？

笔记：

第一节　企业行政管理认知

一、企业行政管理的含义

行政管理,一般指政府行政管理,是指国家行政机关对国家和社会公共事务的公共管理活动,是政府及其行政组织为了公共利益和目的,以公共权利和法律为基础,对社会公共事务和政府自身内部事务进行的管理和服务活动。行政管理包括:国家行政机关对国防、外交、国家安全、国家荣誉等国家事务的管理;对经济、科教文卫、治安、环保等社会公共事务的管理;对行政机关自身机构设置、人员、经费、财物、工作程序等行政系统内部事务的管理。

随着企业规模的发展壮大,企业内部组织管理、企业公共服务、信息沟通等问题逐渐凸显,成为企业发展的制约因素。因此,企业行政管理应运而生。它作为一门新兴的管理学科,是公共管理与企业管理相互借鉴、结合的产物,可以帮助企业应对企业内部出现的行政问题。

企业行政管理,是指依靠企业行政组织按照既定的行政渠道,采取行政手段在企业内部进行的公共性企业管理活动。其中,企业行政组织是实施企业行政管理工作的载体;行政渠道是指上下级的领导隶属关系;行政手段包括行政命令、指示、规定、奖惩措施等;实现的主要职能是行政事务、后勤服务、人力资源管理、企业文化建设等。

企业行政管理可以说是企业的中枢系统,它以总经理为最高领导,由行政副总经理分工负责,行政部门具体实施操作,影响到企业的其他部门和分支机构。在企业中,行政管理部门之外都是具体的业务部门,比如设计、生产、财务、销售等。行政管理既服务于业务部门,又对业务部门实施管理考核、监督协调。

做好企业行政管理,需要制定科学的行政管理目标。一般来说,企业行政管理的目标来自生产经营活动和行政管理自身的要求,侧重于组织经济活动,包括生产、销售、财务管理、劳资关系等。做好企业行政管理工作,其根本目的是促进企业生产经营的成功。

二、企业行政管理的特点

企业行政管理由政府行政管理发展衍生而来,但是由于一些基本性质的差异,照搬政府行政管理的方式进行企业行政管理肯定会出现问题。同政府行政管理相比,企业行政管理有以下特点。

1. 企业行政管理的非独立性

政府是独立的管理单位,其工作目的就是实施行政管理。而企业行政管理本身并不是企业的直接目的。企业行政管理由企业的一些行政部门来完成,行政部门不是独立组织,只是在企业的授权分工下开展工作。具体来说,可以将企业行政管理视为企业管理手段的一种,这一管理手段的主要目的是为社会提供商品和服务并以此为企业谋取最大经济效益。

而在这一目的的实现过程中，企业行政管理才会在企业中对人力、物力、财力、技术等资源进行管理，并通过调动员工积极性的方式提高企业的经济效益。

2. 企业行政管理具有服务性

企业的根本目标是营利，生产、销售、研发等部门是直接创造利润的业务部门，企业行政管理部门及其人员在企业中应该踏实地做好行政服务。在企业行政管理工作中，需要尊重员工、及时了解员工的困难并为其排忧解难，企业行政管理工作只有通过自身的人性化服务才能够较好地推动企业发展。

3. 企业行政管理具有效益性

政府行政经费来自财政，而企业行政经费必须要靠企业自身的盈利，所以开展企业行政管理必须讲究效益。虽然不能直接用企业经济效益来衡量具体的行政管理行为，但企业的行政还是直接与企业的经济效益相联系的。一方面，企业行政管理工作要讲求实效，其本身的管理效率需要通过企业的生产效率、资源配置情况等方面予以体现；另一方面，企业行政管理可以充分挖掘和最大限度地利用公司的各种资源，提高员工工作的积极性，开源节流，降低成本，帮助企业减轻负担。

4. 企业行政管理具有灵活性

政府行政，必须要综合考虑到各个方面的情况，管理制度一般应保持较长时间的延续性，有的甚至是几十年一贯制的老面孔。因此，政府行政管理往往缺乏灵活性。而企业行政管理可以根据实际发展需要经常进行变革、增删、剪裁、变通，以增加管理灵活性，适应企业竞争发展的需要。当今时代，已经全面进入信息化时代，市场竞争激烈，企业产品更新换代迅速，企业行政管理只有具备充分的灵活性，才能适应快速发展的市场节奏。

三、企业行政管理的工作内容

企业行政管理的工作内容可以划分为以下两类（见表1-1）。

（一）企业办公行政管理

（1）企业行政规划管理。它包括企业行政组织设计、企业规章制度建设、企业文化建设。

（2）企业办公事务管理。它包括企业办公室管理、企业会议管理、企业外联接待、企业差旅管理、企业人事行政管理。

（二）企业总务后勤行政管理

（1）企业员工福利管理。它包括企业员工食堂管理、企业员工宿舍管理、企业员工心理管理、企业员工社会保险管理。

（2）企业资产管理。它包括企业房产管理、企业车辆管理、企业办公用品管理。

（3）企业环境管理。它包括企业办公室环境管理、企业室外绿化管理、企业生产环境管理。

（4）企业安全管理。它包括企业治安管理、企业消防管理、企业生产安全管理。

表1-1 企业行政管理的工作内容

企业行政管理的工作内容	企业办公行政管理	企业行政规划管理	企业行政组织设计、企业规章制度建设、企业文化建设
		企业办公事务管理	企业办公室管理、企业会议管理、企业外联接待、企业差旅管理、企业人事行政管理
	企业总务后勤行政管理	企业员工福利管理	企业员工食堂管理、企业员工宿舍管理、企业员工心理管理、企业员工社会保险管理
		企业资产管理	企业房产管理、企业车辆管理、企业办公用品管理
		企业环境管理	企业办公室环境管理、企业室外绿化管理、企业生产环境管理
		企业安全管理	企业治安管理、企业消防管理、企业生产安全管理

 课堂讨论

（一）资料

企业行政管理对我国企业发展的重要作用

1. 加强企业行政管理增强企业的竞争力。除了经济实力以外，企业的竞争力在一定程度上体现为企业的科技竞争力和可持续发展能力。企业在发展过程中可以通过企业行政管理，努力打造学习型企业，能够提高企业的科技竞争力和可持续发展能力，增强我国企业的竞争力。

2. 加强企业行政管理增强企业的凝聚力。企业行政管理的任务就是努力同政府、市场打交道，为企业争取良好的外部环境；通过各种途径解决企业职工思想上的和实践中的难题，为企业发展取得良好的内部环境。

3. 加强企业行政管理保证企业可持续发展力。在企业的运作中，以总经理为首的行政管理系统运用行政手段开展计划、组织、指挥和控制工作，把企业各环节、各部门联结成一个高效运行的有机整体，并通过各种行政管理手段组织企业生产经营活动，从而保证企业可持续发展目标顺利实现。

（二）讨论

（1）你对我国企业行政管理的现状了解吗？

（2）结合党的十九大精神，谈谈企业行政管理应如何更好地发挥作用。

（3）谈谈"一带一路"对我国企业行政管理有何影响。

笔记：

....

....

....

....

....

....

....

第二节　企业行政组织

企业的行政管理工作，是由企业行政组织也就是一些具体的企业行政部门来完成的。要了解企业的行政管理，还必须对企业行政组织的职能、结构、要素等情况进行了解。

一、企业行政组织的职能

企业行政组织是实施企业行政管理的载体，属于企业的综合管理部门，涉及的基本工作职能包括行政协调、信息处理、决策参谋、综合事务管理。

（一）行政协调

行政协调是企业行政组织的首要职能。行政协调渗透到行政与办公事务管理的每个细微之处，并在一定程度上影响着其他职能的发挥。在企业的组织结构中，行政部门处于承上启下的地位，能够了解企业上级领导的意图和基层部门的需要，从而具备发挥协调作用的条件。无论何时，企业的内部关系和外部环境都处于变化之中。面对这样的局面，行政人员必须通过多方协调以达到全面平衡，使企业外部有一个和谐的社会环境，企业内部各部门配合密切，以达到工作流程运转高效。一般来说，企业的社会化、专业化程度越高，对协调工作的要求也就越高。企业行政组织在进行协调工作时主要遵循总体性、一致性和不干预的原则。

（二）信息处理

企业行政组织是企业信息的交汇点，信息处理是通过对与企业有关的各种信息的筛选，为企业上级领导的正确决策提供依据，为企业各个层次的工作服务。现代企业的经营离不开信息，行政工作的成效也取决于对信息的掌握和利用程度，可以说有效的信息是企业无形的财富。实践证明，加强和改进信息处理工作，尤其是有效应用现代办公设备，能使信息质量有较大幅度的提高，使企业的各项工作高效运行。因此，一个企业要提高行政效率，获得良好的经济效益，就必须高度重视信息处理工作。

（三）决策参谋

企业行政组织是一个直接为企业领导决策服务的参谋机构。现代企业领导者的首要任务就是进行企业决策。决策关系到企业总体目标能否实现，是企业行政管理的核心工作。科学的决策至少要具备三个条件：一是要有全面而可靠的信息，二是要有科学的决策程序，三是要有专家和助手的辅佐。这三者需要相互配合，缺一不可。企业行政组织的决策参谋职能可以协助创造决策条件，主要体现在为领导提供周详的信息，拟订决策的备选方案，提出决策的辅助意见。因此，企业行政组织在企业领导决策过程中具有不可取代的地位和作用。

（四）综合事务管理

综合事务管理是企业行政组织的一项基础性职能,主要是处理企业的日常杂务。这一职能的工作任务多、涉及面广:在企业内部,是上下沟通的渠道、协调左右的枢纽;在企业外部,是联络社会、展示企业形象的窗口。因此,发挥好综合事务管理职能是企业行政组织地位的重要体现。

二、企业行政组织的结构

组织结构是企业内部的纵向、横向分工状态。组织结构反映了组织内部各个要素之间的相互联系、相互作用。企业行政组织的结构是影响企业行政管理效率的重要因素。企业行政组织的结构要适应企业的发展阶段、行业差别等情况。基本的企业行政组织的结构分为职能型、综合型、混合型等几种类型。

（一）职能型企业行政组织结构

职能型企业行政组织结构的特点如下:

（1）根据相对独立的行政事务工作分设单独的职能部门,办公室、总务后勤负责的综合性事务大大简化。

（2）岗位细分,专人专职,通过专业化和岗位工作规范来体现不同岗位的工作职能。

（3）组织结构趋于扁平。

（4）行政主管的指导、管理较弱,因此适合于企业自身管理水平较高的现代大中型企业。

职能型企业行政组织结构如图 1-1 所示。

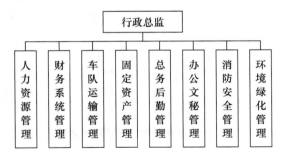

图 1-1 职能型企业行政组织结构

（二）综合型企业行政组织结构

综合型企业行政组织结构的特点如下:

（1）办公室、总务后勤分别成为综合性的管理部门,办公室主任及总务后勤主管分担了行政主管对具体事务的指导管理职能。

（2）工作机制灵活,可以避免人力资源浪费。

（3）个人岗位工作的范围变大,涉及的沟通、协调事务增加。

（4）工作随意性比较大,依赖个人能动性及主管工作现场指挥比较多。

（5）适合尚处发展阶段的小型企业采用。

综合型企业行政组织结构如图 1-2 所示。

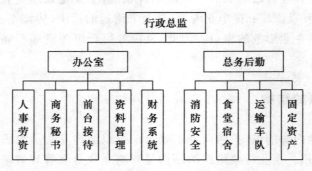

图 1-2　综合型企业行政组织结构

（三）混合型企业行政组织结构

混合型企业行政组织结构的特点如下：

（1）融合了综合管理的灵活特点与职能管理的专业特点。

（2）企业按照自身行政的特点，将部分专业化的职能工作从总务与办公室中分离出来。

（3）事务性行政与职能性行政工作可以区别管理。

（4）可以为大多数企业所应用。

混合型企业行政组织结构如图 1-3 所示。

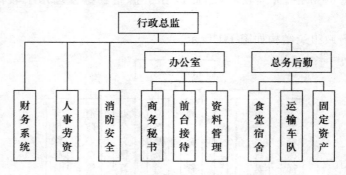

图 1-3　混合型企业行政组织结构

三、企业行政组织设计的要素

企业行政组织是否合理、有效，可以按照要素进行分析。按照组织管理理论，分析企业行政组织的基本要素有劳动分工、部门划分、权力划分、确定管理幅度与管理层次等。

（一）劳动分工

劳动分工是组织设计的首要内容。随着科学技术的发展和产品复杂性的增加，现代企业已经很少有人能够独立承担起全部行政管理工作。由于受教育程度的不同，知识积累和文化素养的差异,不同的人适应不同的工作。因此,劳动分工既可以很好地实现企业目标,又可以充分发挥企业行政人员的聪明才智,减少资源浪费,提高工作效率。

（二）部门划分

随着组织规模的扩大,为了工作的协调和管理的效率,就需要将有特定工作联系的人员组合在一起,在组织中设立相应的部门。部门划分,是企业行政组织建立的基本方式和实现途径,是企业对专业分工形成的行政活动进行协调的方式,也是形成企业行政组织的基本构架,为企业行政组织的进一步发展确定了基调。在企业行政组织中,部门划分常见的方式包括按照职能划分部门、按照地域划分部门、按照客户划分部门、按照人数划分部门等。

（三）权力划分

现代企业行政组织结构的实质是企业行政权力的分割配置体系。权力在现代企业中是与利益紧密相关的制约性因素。在权力划分中要注意:第一,责任与权力必须明确和相互适应。权责不分容易产生无政府状态,使企业内部出现不必要的摩擦,而且权责不适应还容易产生不负责的瞎指挥和滥用权力,打击下级的工作积极性和主动性。第二,要注意权力之间的均衡与制约。在企业行政系统中,董事会、股东大会、经理阶层的权力分割与制约也是以三角模型的形式实现权力的相互制衡,抑制权力的膨胀与专横。第三,要培养掌权者的民主作风。在权力运用过程中,掌权者要善于听取下级意见,善于授权,放手让下级在授权范围内创造性地开展工作,并勇于为下级承担责任。

（四）确定管理幅度与管理层次

管理幅度是指一个管理人员直接控制指挥的下级人数。管理层次是指企业行政组织所包含的全部层级。在约束条件不变的情况下,管理幅度与管理层次呈反比关系。影响管理幅度和管理层次的因素主要有:领导者的知识、能力、经验,被领导者的素质、业务熟练程度和工作强度,管理业务的复杂程度,所承担任务的绩效要求,工作环境以及信息沟通方式,等等。

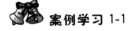 案例学习 1-1

互联网企业的扁平化管理

"扁平化管理"是相对于"等级式管理"构架的一种管理模式。实行等级式管理的企业,具有金字塔状结构,拥有高层、中层和基层等多个管理层次,每个层次都有各自的管理者。在等级式管理的企业,信息的传达是由位于金字塔顶的董事长指令通过各级的管理层,最后传达到执行者。这种管理模式往往具有"层次重叠、冗员多、组织机构运转效率低下"等弊端,对快速变化的市场反应迟钝。而实行扁平化管理的企业,不具有金字塔状结构,管理结构趋向扁平,由某一个高层管理人员直接管理或控制更多的部门,管理层次少,而管理幅度大。这种管理模式的优势在于信息纵向流动快、管理成本低。在信息高速流通的互联网时代,这种管理模式被越来越多追求创新的企业所运用。

采取扁平化管理的典型企业就是成立于 2010 年的小米公司,公司成立不久便展示出惊人的爆发力。小米公司的组织架构只有三级:七个核心创始人＋部门负责人＋员工。小米公司拥有产品、营销、硬件和电商四个业务板块,每一个业务板块都由一名创始人坐镇,创始人互不干涉,在各自分管的板块内做事。目前,该公司已拥有万名员工,但每一个团队人员都不会太多,超过一定规模就拆分成更小的团队,这样的管理制度减少了层级之间互相汇报耗费的时间,增加了信息流通的速度,大大降低了企业的管理成本。例如,在2012年"8·15"电商大战中,小米公司从策划、设计、开发到供应链仅用了不到24小时准备,上线后其微博转发量近10万次,手机销售量近20万台。

第三节　企业行政管理岗位

企业行政管理不只是一个单一的工作,而是由自上到下的一系列的工作岗位所组成的。企业行政管理岗位简单分为企业行政管理基层岗位和企业行政管理领导岗位两类。处于组织结构下层的是企业行政管理的基层岗位(如行政文员、行政助理等),主要从事企业行政管理的事务性工作;处于组织结构上层的是企业行政管理的领导岗位(如行政总监、行政主管等),主要发挥领导职能。这两类行政岗位的性质有所不同,工作差异较大。

一、企业行政管理基层岗位

(一) 企业行政管理基层岗位的特点

企业行政的基层岗位主要从事行政事务性工作,具有其鲜明的工作特点:

1. 事务性

作为企业行政的基层岗位人员,每天必须完成大量的、琐碎的、不起眼的事务,如会议安排、经费报销、用品采购等。完成这些事务既要有一定的专业知识,又要有较高的工作效率。

2. 服务性

基层行政事务一般都是为其他部门员工或者领导服务的。服务性质的工作一般比较被动,需要多了解他人的需求、替他人着想、服从领导安排,以及适应能力强才可以做好工作。

3. 规范性

基层行政岗位一般都是经过专业化分工设计的,工作事务相对具体,并且有单独的工作要求和规范,以保证工作的秩序和效率。基层行政岗位工作应该严格按照规范办事、服从领导的安排和指示,不能超越职权、自作主张;对于在工作中发现的问题,应该及时向上级反映并提出合理建议。

(二) 企业行政管理基层岗位的素质要求

根据企业行政管理基层岗位的特点,对企业行政管理基层岗位的员工,应有以下几个方面的要求。

1. 思想素质

作为企业行政管理基层岗位的员工应具有的思想素质是:良好的个人品德,较高的自我成功期待、荣誉感和奉献精神,较强的事业心和思辨能力。企业行政工作大都是重复性、烦琐性工作,只有具备良好的思想素质,才能安心于本职工作,才能把每一细小的工作做好,从而提高整个企业行政管理的质量和水平。

2. 心理素质

作为企业行政管理基层岗位的员工应具有的心理素质是：灵活应变,包容性强,遇事冷静、镇定,乐观、上进,自我约束力强。企业行政组织经常因为企业状况的变化而改变员工的工作范围,而且企业行政管理工作也常遇到一些突发的情况,所以,只有具备良好的心理素质和应变能力,才能较好地适应企业的行政管理工作。

3. 身体素质

企业行政管理工作既服务于企业其他部门,又服务于企业领导,工作量有时会超负荷,这就要求企业行政管理基层岗位的员工要有好的身体,具有充沛的精力与体力。

4. 能力素质

作为企业行政管理基层岗位的员工应具备的能力素质是：有效管理的能力,沟通技巧、解决问题的能力,应急能力,协调能力,招聘或配备员工的能力,了解劳动用工法律法规、培训和发展员工的能力,技术能力,预测能力,福利设计或管理能力,语言和文字表达能力,等等。

5. 专业知识素质

企业行政管理基层岗位的员工需要有丰富的行政办公管理及胜任工作的科学文化知识,包括理论知识、科技文化知识、法律知识和管理知识,以及相应的管理专业知识和一定的专业技能。

二、企业行政管理领导岗位

(一) 企业行政管理领导岗位的角色定位

企业行政管理部门是综合性部门,其职能具有综合性和兼容性特征。担任企业行政部门的管理者,需要在企业组织中担当多重工作角色。

1. 管家角色

在企业中,高层领导主要是从宏观上把握企业的经营战略和策略,职能部门负责各项职能工作的具体实施。而企业行政部门的管理者则主要充当统筹、策划、安排、处理各种行政事务的角色,即类似于"管家"。其主要任务是负责筹划经营策略的制定、实施、协调、控制、安排企业内各职能部门的日常工作。这些工作的好坏,直接影响企业整体的运作效率。

2. 助手角色

作为企业行政管理领导,要认真、负责地协助企业高层领导进行企业发展战略规划、运营规划、人才规划等,特别是要为企业高层领导分担繁重的日常行政事务,让他们得以集中精力思考总揽全局、运筹企业品牌战略规划等重大事务。因此,企业行政部门管理者要协助企业各项活动效率最大化,使企业管理工作井然有序。

3. 参谋角色

现代企业所处的市场环境日益复杂,企业间的竞争愈加激烈,企业管理决策的难度越来越大,因而企业行政部门管理者的智囊、咨询、参谋作用就愈显重要。任何个体的智力和经验都是有限的,企业的决策层往往因为事务繁多而无法对各种情况都做充分了解。因此,企业行政部门管理者的参谋作用是必需而且重要的。尤其是在各种决策相关信息的综合把握上，行政部门是企业信息的主要管理部门，对决策所需的相关信息的熟悉和把握可以为企业的高层决策提供很大的帮助，有助于企业在各种竞争中增加制胜筹码。

4. 活动家角色

企业行政部门管理者在企业活动中起着信息汇总和传递的作用，并在职权范围内从事公关和协调工作，因而扮演着活动家的角色。企业行政部门管理者通过各种信息媒介渠道，将企业的重大决策和重大事件向员工、股东和公众开放、公布，使其有机会参与企业的管理；通过正式与非正式的传播渠道，向股东和员工发布企业的经营状况，接受其咨询；通过新闻发布会等形式，向各新闻媒介提供企业信息，塑造良好形象。同时，企业行政部门管理者又起着信息汇总的作用，即广泛听取员工、股东、董事对企业经营管理工作的意见、建议和要求，了解并收集外界对企业的评价，并将这些信息分析、整理后作为企业决策层的参考资料。

（二）企业行政管理领导岗位的素质要求

企业行政部门管理者具有多重角色定位，因此对企业行政管理领导岗位有更高的素质要求。

1. 资历要求

从事企业行政管理领导岗位一般需要有较长的工作经历，在企业内部具有威信，既能够指挥下属部门，又能对其他企业高层管理者产生影响力。虽然企业不能按资排辈，但是由于企业行政部门的综合性质，要求其领导者对企业的整体情况比较了解，并能够沟通、协调其他部门，所以相对而言，对企业行政部门管理者的工作资历和经验更为看重。

2. 思想素质

在企业行政管理领导岗位，思想素质要求高于一般的岗位。凡是要求下属和员工遵守的制度，首先要自己遵守；凡是要求下属和员工不做的事情，首先自己不能做。领导对自己的政治思想、道德素养必须严格要求，才能言传身教，影响他人。

3. 心理素质

企业行政部门管理者只有具备敢于决断、坚忍不拔和承受压力的能力，才能从容面对行政领导工作中的复杂问题。

4. 专业素质

企业行政部门管理者主要从事管理工作，因此既要熟悉行政业务，还要有管理知识及经验，对计划、组织、领导、控制等管理技巧要善于运用。

5. 形象要求

个人形象包括穿着、服饰、言谈、举止、神态等。企业行政部门是企业的窗口和枢纽，部门管理者对内、对外活动很多，应该穿着得体、举止自如、谈吐文雅、工作稳重。作为企业行政部门的管理者，保持良好的个人形象，既能推进个人工作，也能促进企业的其他工作。

 知识链接 1-1：典型工作岗位介绍

稳扎稳打

一、单项选择题

1. 企业行政组织是实施企业行政管理工作的（　　　）。
   A. 载体　　　　　B. 工具　　　　　C. 前提　　　　　D. 手段

2. 企业行政管理可以说是企业的中枢系统，它以（　　　）为最高领导。
   A. 董事长　　　　B. 项目经理　　　C. 总经理　　　　D. 行政主管

3. （　　　）是企业行政组织的首要职能。
   A. 信息处理　　　B. 行政协调　　　C. 决策参谋　　　D. 综合事务管理

4. 不同的人适应不同的工作，（　　　）可以充分发挥企业行政人员的聪明才智。
   A. 劳动分工　　　B. 部门划分　　　C. 权力划分　　　D. 管理层次

5. 现代企业领导者的首要任务就是进行（　　　）。
   A. 销售工作　　　B. 财务管理　　　C. 执行任务　　　D. 企业决策

6. 管理幅度与管理层次呈（　　　）关系。
   A. 正比　　　　　B. 反比　　　　　C. 不相关

7. 尚处发展阶段的小型企业适合采用（　　　）组织结构。
   A. 职能型　　　　B. 综合型　　　　C. 混合型

8. 现代企业行政组织结构的实质是企业行政（　　　）的分割配置体系。
   A. 岗位　　　　　B. 利益　　　　　C. 权力

9. 扁平化管理的企业，管理层次（　　　），但管理幅度（　　　）。
   A. 少，小　　　　B. 少，大　　　　C. 多，小　　　　D. 多，大

10. 企业行政的基层岗位主要从事（　　　）工作。
    A. 决策性　　　　B. 业务性　　　　C. 事务性

二、判断题

1. 企业行政管理工作具有非独立性特点。　　　　　　　　　　　　　（　　　）
2. 现代企业管理需要员工能够独立承担起全部行政工作。　　　　　　（　　　）
3. 企业行政管理基层岗位不需要专业知识素质。　　　　　　　　　　（　　　）
4. 企业行政管理的工作内容不包括企业资产管理。　　　　　　　　　（　　　）
5. 企业行政管理的工作内容不包括企业销售管理。　　　　　　　　　（　　　）
6. 政府行政经费来自自身的盈利。　　　　　　　　　　　　　　　　（　　　）
7. 企业行政管理领导岗位应有形象要求。　　　　　　　　　　　　　（　　　）
8. 扁平化管理的企业，管理层次多。　　　　　　　　　　　　　　　（　　　）

三、简答题

1. 如何认识企业行政管理的特点？
2. 企业行政管理的工作内容主要有哪些？

3. 企业行政管理的基层岗位同领导岗位的要求有何差异？如何实现从基层行政岗位向行政管理层岗位的职业过渡？

4. 对照企业行政管理的典型工作岗位介绍思考：自己适合这些岗位吗？

习题参考答案（一）

 项目训练

项目一：

【项目任务】

调查、了解一家当地企业的具体情况，对该企业的组织结构及组织要素进行分析，完成该企业的行政组织结构模型图及企业行政部门简介各一份。

【项目目的】

加深对行政组织结构的了解，对企业行政组织的总体情况产生感性认识。

【项目实施步骤】

1. 将学生分为小组，每两组配合完成任务。

2. 两组分别调研、了解一家企业的组织情况，为对方提供项目任务的背景信息。

3. 根据企业的实际情况，每组分别分析企业行政组织结构的特点。

4. 根据描述和分析，绘制企业行政组织结构模型图，编写企业行政部门的简介。

5. 教师检查、点评。

项目二：

【项目任务】

到招聘会现场调研或者在招聘网站上查找，收集有关企业行政管理工作岗位的岗位要求、岗位职责，通过对企业需求情况的了解，参考表 1-2 的示例，完成岗位说明书若干份。

表 1-2 行政主管岗位说明

职位名称	行政主管	职位代码		所属部门	行政部
职系		职等职级		直属上级	行政经理
薪金标准		填写日期		核准人	
职位概要	负责制定和监督实施各项行政管理制度；负责按年度预算进行办公用品、办公设备的采购管理及发放管理；严格控制行政开支；及时处理好日常行政事务；为公司其他部门做好辅助工作。				
任职资格	教育背景：秘书、中文、公关、行政管理等相关专业本科以上学历。 培训经历：受过管理学、管理技能开发、档案管理、会务组织和财务会计基本知识等方面的培训。 经验要求：3 年以上行政管理工作经验。 技能技巧：较强的管理能力；良好的中英文写作、口语和阅读能力；熟练使用办公软件；熟练使用操作办公自动化设备。 工作态度：做事客观、严谨、负责、踏实、敬业；工作细致、认真、责任心强；具有很强的人际沟通、协调能力，团队意识强。				
直属下级			间接下级		
晋升方向			转轮岗位		

【项目目的】

了解企业行政管理岗位的实际需求和职责。

【项目实施步骤】

1. 将学生分为小组，到招聘会现场调研，了解企业行政管理岗位的需求情况。

2. 上网收集网上招聘信息，检索有关企业行政管理岗位的需求情况。

3. 对收集到的信息进行小组讨论，选择典型的行政管理岗位，编写岗位说明书若干份。

4. 选择任务完成较好的学生，在课堂上进行岗位介绍，谈谈调研的体会。

5. 教师分析、点评。

第二章 │ 企业行政事务

知识结构

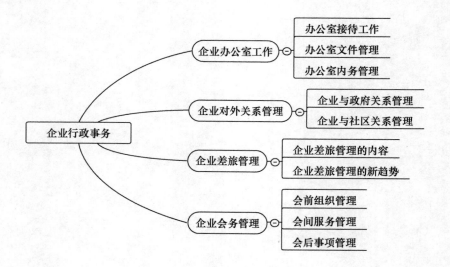

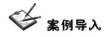 **案例导入**

企业 OA 办公系统

冰冰到一个新的企业任职,发现这家企业利用 OA 办公系统来处理企业内部的文件管理,这种移动办公时代的信息化管理手段,大大提高了企业的办公效率。

OA 办公系统是 Office Automation 的缩写,就是利用网络和 OA 软件构建的一个单位内部的办公通信平台,以达到充分利用和交流信息,提高工作效率和工作质量的目的。

目前很多企业的 OA 系统不仅可以在电脑上登录客户端或在手机上通过安装 App 登录,也可以用微信关联小程序来使用,可以做到随时随地、方便快捷地办公。OA 系统主要完成企业内部的邮件通信、信息发布、文档管理、工作流程自动化等工作。OA 办公系统的主要功能如表 2-1 所示。

表 2-1 企业 OA 办公系统的主要功能

主要功能	主要内容
流程管理	审批管理
企业办公	通知公告、文件发布、信息发布、办公用品管理、客户关系管理、人力资源管理、会议室管理、车辆管理
公共资源	公共通讯录、资料中心、留言板
个人办公	文件交换、日程安排、个人通讯录、工作记事、电子邮件、密码管理
系统管理	人员管理、权限管理、流程定制

 思考:

(1) 你接触过哪些企业 OA 软件?

(2) 请列举这些 OA 软件具有哪些特点。

(3) 企业 OA 有哪些需要改进的地方?

笔记:

第一节　企业办公室工作

办公室是企业日常行政事务工作的主要场所，企业办公室工作主要包括接待工作、文件管理、内务管理等。

一、办公室接待工作

企业办公室的接待工作是指办公室对来访者进行的迎送、招待、接谈、联系、咨询等辅助管理活动，也就是除了私人接待之外所有涉及企业公务活动的接待。

（一）接待的主要类型

企业办公室接待的服务对象，根据不同的来访目的，可分为检查调研型、往来型、客户型和会议型等几种类型。

1．检查调研型

检查调研型客人，主要是指前来视察、检查指导工作、进行调研的上级机关人员。此类客人接待规格高，应以高度的政治责任感做好来宾接待工作。要认真制定接待方案和应急预案，根据来宾的要求或调研题目和日程安排，做好各项准备工作，包括准备相关汇报、安排座谈会、考察路线等，为来宾实现访问目的提供条件和服务保障。做这种接待要统一指挥、分工明确、团结协作、各司其职，确保整个接待活动的统一、高效、流畅。

2．往来型

往来型客人，是指企业关联单位之间的交流，包括为参观、学习、考察、业务洽谈、技术经验交流活动而来的重要客人等。这种类型的接待，除了针对客人来访的目的和性质做出具体安排外，还应注意两点：一是热情周到。"有朋自远方来，不亦乐乎"，要做到热情、周到、细致。二是增进友谊，促进交流。可适当宣传当地的历史文化、山水文化、饮食文化，交流公司的企业文化、管理理念等，与来宾取长补短，促进提高。

3．客户型

企业客户一般是由企业的销售部门负者联系、接洽，但在有些情况下，客户也可能直接来到企业，需要企业办公室做接待服务。客户是企业的上帝，不管是什么原因来到企业办公室，办公室都应该妥善安排，尽量满足客人的来访愿望，同时也应积极介绍企业文化、建设成就等亮点，借机促进企业宣传。

4．会议型

此类客人因参加各种会议而来。此类接待包括会议选址、现场布置、住宿安排、接送站、车辆保障、联络协调等，头绪繁多。要做好此类接待，首先要提前策划，周密安排，并注意关注客人的个性化需求；其次要以东道主的身份，热情、周到地为会议代表服务。会议的日程安排既要着眼于会议任务的圆满达成，又要做到劳逸结合、有张有弛。

（二）接待工作的原则

对于通常的企业接待工作，行政人员应注意以下几个要点：

（1）诚恳、热情，讲究礼仪。热情、友好的言谈举止，会使来访者产生一种温暖、愉快的感觉。对来访者应平等相待，诚恳、热情，不卑不亢，落落大方。诚恳、热情的态度是人际交往成功的起点，也是待客之道的首要之选。

（2）细致、周到，按章办事。接待工作的内容往往具体而琐碎，涉及许多部门和人员。这就要求行政人员在接待工作中开动脑筋，综合考虑，把工作做得面面俱到、有条不紊、善始善终，切忌有头无尾、缺少章法。

（3）勤俭节约。接待工作在某种意义上是一项消费活动，需要人力、物力、财力的投入。行政人员在接待工作中要厉行节约、精打细算，勤俭务实，不搞形式主义，不摆阔气，不讲排场，不大吃大喝，尽可能少花钱、多办事。

（4）保守秘密。行政人员在重要的接待工作中，往往参与接触一些企业的重要会议、秘密文电资料等。在迎来送往的过程中，尤其要注意内外有别，严守单位秘密。

随着我国对外经贸往来的日益频繁，在企业接待中还可能遇到外事接待工作。外事接待涉及国际交往关系，与接待一般的企业有所不同，因此需要特别注意。外事接待工作的基本原则有以下几个方面：

（1）主权高于一切原则。行政人员在外事接待工作中要维护国家主权和利益，维护民族尊严，严格按党的方针、政策办事，按国家的法律和法规办事，绝对不允许做出任何有损国格、人格的事。

（2）高度统一的原则。行政人员在接待外宾时，必须按照国家有关部门统一的方针政策、统一的行动部署、统一的对外表态口径，在外事部门的统一管理下，进行接待工作。

（3）平等相待原则。行政人员在外事接待工作中应体现我国在国际交往中大小国家一律平等的原则。外事接待工作是我国对外政策的具体推行与实践体现，我国的外交政策强调国家不分大小、强弱、贫富等，相互之间是一律平等的交往关系。因而，行政人员在外事接待工作中必须贯彻平等相待原则，要热情友好、落落大方、彼此尊重、不卑不亢，坚决反对大国主义。

（4）内外有别原则。行政人员在外事接待工作中应严格保守党和国家的机密，凡属机密事项，未经批准，不得在对外交往中泄露出去。

（5）接待得当原则。行政人员在外事接待工作中要注意调查研究，做到接待工作有针对性，重礼仪，重实效，不讲排场，不事铺张，生活照料应尽量热情、周到。

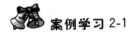 **案例学习 2-1**

小张的接待工作

小张是××房地产开发公司销售部秘书。最近公司在当地开发的楼盘准备开盘，前期销售部有很多工作要开展，每天还要接待很多来访的客人，因此，小张每天的工作都很繁忙，基本上是从上班忙到下班。这天，一位中年男士来到销售部，小张一问，得知他是公司预约好的宣传推广合作企业的刘经理。刘经理比预约时间提前了半小时到达公司，刘经理此行是准备和销售部王总洽谈签订宣传推广合同事宜。小张立刻通知了王总，而此时，王总正在接待另外一位重要客人，所以让小张请刘经理稍等。小张就向刘经理转告说："王总正在接待一位重要客人，请您稍等。"说完小张用手指了一下接待室的椅子，说了声："请坐。"然后就赶紧忙其他事情去了。

课堂讨论

1. 你认为小张在接待工作中存在什么问题吗？
2. 如果你是小张，你会怎么做？

要点：

....
....
....
....
....
....
....
....
....

（三）接待工作的内容

1. 接待前的准备

（1）邀请：向来宾发出邀请，可以口头邀请、书面邀请或者上门邀请。书面邀请是最常用、最正式的邀请方式，通常采取"请柬"或"信函"的方式。

（2）拟订接待方案：确定有接待任务后，行政人员应该提前制订好行程方案。制订方案时需要详细了解来宾的人数、行程，并与对方加强沟通，将制订的方案提前告知对方，进行确定。

（3）接待活动预算：对接待活动事先进行经费预算，以便对确定接待的规格有所把握。

（4）全面准备：开始落实接待方案的各项细节，主要有预订酒店食宿、交通安排、会议场所布置、接待人员安排、物资采购等。各项工作应做到周密、细致，有条不紊。

2. 到访接待

（1）迎接：一般而言，重要的接待工作需要安排专门人员前往车站、机场迎接客人，必要时，还需要行政部门主要负责人亲自前往迎接。接待客人到单位时，企业主要负责人若没有在车站、机场等地迎接，则应在单位门口迎接，以示尊重，必要时，还可以举行一定规模的欢迎仪式。

（2）正式接待活动：原则上应该按照事先拟订的计划书来进行。接待内容应当包括：双方业务负责人之间的会晤及技术上的交流活动；安排介绍、参观本企业的各项情况；安排宴会款待来宾，以示对客人的尊重和欢迎；在正式接待内容完成之后，可以邀请并陪同外地客人游览本地名胜古迹，等等。

（3）妥当安排送行：接待工作应该有始有终，当接待活动结束、客人即将返程时，接待工作绝不能在此时有丝毫的松懈。接待的行政人员应当为客人定好回程的车、船、机票,并准备有地方特色或企业特色的纪念品赠送客人。

3. 来宾离开后的后续工作

在来宾离开之后,还应做好一些后续的工作,包括客人离开后应该及时联系,确认其是否安全返回,并了解其对接待工作的意见;条件允许,可以安排到对方单位进行回访,进一步强化访问达成的成果;接待期间的照片、音像资料、合作协议等应在处理好后及时邮寄给对方。

此外,接待的行政人员要对接待活动进行认真、全面的总结,看看哪些方面客人最满意、哪些方面还存在一些问题或不足,好的方面要继续发扬,不足之处注意弥补、改进。通过总结可以不断提高接待质量和效率,使今后的接待工作做得更好。这样,既可以让客人满意,又能降低企业的接待成本。

理论联系实际

(一)资料

中国打印耗材年会的组织工作

中国打印耗材协会每年都会组织一次年会,2018 年的年会拟定于 2018 年 12 月 5—6 日在珠海国际会展中心举办。年会内容如下:

1. 对协会一年的工作进行总结,表彰先进单位和个人。

2. 通过协会 2018 年工作计划。

3. 五个专题论坛:宏观政策、市场信息、技术创新、经销商发展、互联网创新。

协会委托珠海××会展策划公司负责此次年会的全部工作。

(二)请根据以上资料完成下列任务

1. 制订此次年会会务安排方案,方案中需包括详细的时间安排、会议内容和经费安排等。

2. 模拟开展"2018 年珠海打印耗材年会"。

要点:

二、办公室文件管理

文件，又称文书，是企业经营活动的信息传递与信息保存的载体。在企业行政管理活动中，往往需要处理大量的文件，包括公文和往来信函等。企业经营活动的顺利进行，有赖于办公室在管理文件方面的效率。因此，办公室行政人员要有效地管理文件，使文件管理规范化，提高文件管理、使用效率。

文件管理的基本工作任务包括：收文处理、发文处理、文件保管及文件利用。概括起来，就是收、发、管、用。其各自的工作重点是，收文处理抓催办，发文处理抓把关，文件保管抓分类，文件利用抓方便。文件管理任务总的重点是文件利用，它体现着行文的最终目的，并贯穿于其他各项任务之中。

（一）收文处理

一般来说，企业文件的收文处理包括以下四个环节：

（1）签收。签收是指收件部门或收件人对送达本企业的文件、函件等进行认真清点，并在投递单或记录单上签字的过程。签收的目的是：确保文件运转的安全、可靠，明确交接双方的责任。文件签收后应交办公室行政人员拆封，行政人员要注意检查封口和邮戳，对开口和邮票撕毁的函件要查明原因，如密件开口或邮票撕毁应拒绝签收。

（2）登记、保管。办公室对来文登记拆封后应及时附上"文件处理传阅单"，并做登记编号、统一保管。登记的目的是：管理、保护文件，便于今后查找；统计催办，起到凭证作用。需要企业领导亲启的文件，在领导启封阅读后再办理正常手续。单位外出人员带回的文件及资料应及时送交办公室登记、编号、保管。

（3）分发、批阅。办公室行政人员应依照一定原则把经过登记的收文转送企业领导阅读批示，或者直接转送企业的相关部门处理。在分发过程中要注意"三主优先"的原则，即主要领导人优先、主管领导人优先、业务主管部门优先。

（4）传阅。传阅是指在收到单份或者份数较少的文件后组织企业领导们依序阅读文件的过程。传阅一般可以采取轮辐式、接力式和专人传送式三种方法。传阅文件应严格遵守保密规定，控制传阅范围，尚未传达的文件不得对外泄密。

（二）发文处理

一般来说，企业的发文处理包括以下六个环节：

（1）拟稿。拟稿是指起草文稿，即企业行政人员根据领导的意见或者特定的发文意图写出文字初稿。拟稿是发文处理程序中的首要工作，直接关系到行文的质量，在企业发文过程中起着重要的基础作用。在拟稿中，没有经过审核的文稿为草稿，经过审核决定发文的文稿为定稿。办公室行政人员在拟稿中要注意反映企业的实际情况，正确体现企业领导的意图，观点鲜明，结构合理，文字流畅，重点突出。办公室行政人员拟稿要确定文稿的总体构成和文稿正文的具体内容，解决好各组成部分的编排次序和各层次、段落间的衔接与转换，处理好开头和结尾。

（2）拟定主题词。主题词是为实现各类文件材料的计算机存储、检索、管理而设立的，是能够标示一份文件内容特征、归属类别的关键性词语。主题词由类别词、类属词、文种词三部分组成。各部分要求按照顺序依次标注。一份文件的主题词一般不超过七个。

（3）会签。会签是指两个或两个以上的机关、部门联合行文，在文稿拟写完成后由主办部门会同其他参与部门共同对文稿进行会商、征求意见并签字发文的过程。在会签过程中各参与部门应遵循相互尊重、平等协商、协同一致的原则。

（4）核稿。核稿是指企业主办部门的负责人对写好的草稿，按照相关规定，从内容、文字、格式、文种使用及选择等方面进行认真审核，并就全文进行全面的加工、修改、润色，签字认可后再送交企业领导人审阅、签发。核稿的目的是专人审核、最后把关，提高文件质量，保证发文的严肃、严谨。

（5）呈批。呈批是指把经过核稿人员审核过的文稿，报送企业主要领导或者主管领导做最后的审阅、然后签字同意发稿。

（6）签发。签发是指企业领导人对审核过的文稿进行最后的审阅、修改，然后核准、签发，使文稿变成定稿。定稿后，即可进入缮印、用印、封发环节，然后发送给有关单位、部门或人员。企业领导在签发文件时，要注意对拟签文件做全面审定，且签发的意见要清楚、明了、简练，切忌模棱两可。

（三）文件保管

一般来说，企业的文件保管包括以下五个环节：

（1）收集文件。收集文件是指按照有关规定，把各单位、部门、个人手中分散的、繁多的文件材料，经过筛选，集中到企业的档案室。不是每份文件都需要收集，应以实用性原则筛选。本企业在工作活动中形成的、处理完毕的、今后有参考价值的文件才应收集。

（2）整理文件。整理文件是指把零散的文件进行基本的处理，使之系统化、条理化。整理工作包括分类、组合、案卷编目、案卷排列、案卷装订等。文件整理应遵循文件材料形成的自然规律，按照文件来源、时间、内容等排列，保持文件之间的联系，以便保管、利用。

（3）确定保管期限。新收集的文件，需要参照"文件保管期限准则"来确定保管期限，分类保管。对文件资料的保管期限，没有特殊要求，可以从记录日期的隔年年初开始计算。

（4）立卷归档。文件立卷是指文件经过整理之后，按照联系和规律组成案卷的过程。文件归档是指案卷按照档案管理规定，经过检查、验收移交档案室的过程。

（5）文件销毁。对处理完毕、无保存价值的文件，可以做销毁处理，销毁文件要准确界定范围。一般销毁的文件范围为：不需立卷的各类文件、多余的重要文件、上级授权或要求销毁的文件、翻印复印的上级文件。对一般性文件可以集中时间销毁；对保密文件应及时销毁，以防丢失、泄密。

（四）文件利用

一般来说，企业的文件利用包括以下三个环节：

（1）建立查阅制度。文件的查阅制度主要包括查阅手续、摘抄、复印范围及清点、核对手续、查阅注意事项等。查阅制度既要严格，保证文件的完整、完好，又要灵活，方便企业员工查阅、使用文件。

（2）培训文件管理人员。文件管理人员的业务水平、工作态度，直接影响文件的利用。文件管理人员必须熟悉单位保存文档材料的情况，包括内容、范围、存放地点、完整装套等；还要熟悉单位利用档案的规律，了解企业领导和各部门需要利用的档案内容及要求。

（3）编写检索工具和参考资料。为提高文件的利用率，应及时编写检索工具和参考资料，方便员工利用，提高文件的利用率。常见的文件检索工具包括说明介绍材料、各类目录、专题卡片、文件索引等。常见的文件参考资料包括企业大事记、组织沿革、专题资料汇编、文件汇编等。

三、办公室内务管理

改善企业办公室自身的管理水平，可以提高办公室工作效率，更好地对外提供行政服务职能。企业办公室的内务管理主要包括办公室制度管理、办公室文化管理、办公室人员管理等。

（一）办公室制度管理

办公室制度，是指办公室自身为规范业务、提高工作效率而制定出的内部管理规定，通常包括：公文撰写规定，会议制度，部门工作报告制度，周年工作计划制度，机密文件处理规定，文件及相片存档、归档制度，办公室环境卫生及安全防范管理制度，打印、复印、传真管理规定，发文制度，等等。企业办公室工作事务繁杂，制定完善的企业办公室制度并且认真执行，有利于规范办公室工作，减少矛盾，提高行政效率。

（二）办公室文化管理

企业有自己的企业文化，而办公室文化是企业文化的一部分。企业办公室作为一个综合事务性工作部门，对外而言需要的是一种讲奉献、服务他人的文化；对内而言需要的是一种相互支持、团体协作的文化。营造良好的企业办公室文化可以弥补制度化管理的不足之处，使人心情舒畅、工作投入、效率提高。

拥有良好的文化氛围不是一朝一夕的事情，企业办公室的全体人员应从工作中一点一滴地积累起来，共同创造并维护一种良好的办公室文化。建设办公室文化需要办公室主管以身作则做出努力，同时也可以通过表扬、奖励等手段来营造良好的办公室文化。

 课堂讨论

（一）资料

某企业办公室内务管理标准

办公室是公司各部室办公的场所，也是展现公司形象的重要窗口。为了营造一个整洁、文明、井然有序的办公环境，树立良好的社会形象，现制定办公室内务管理标准如下：

一、办公室应保持清洁：

1. 经常打扫，保持室内清洁；达到地上无痰渍、无烟蒂、无垃圾，禁止摆放杂物。

2．办公桌椅、文件柜要保持洁净。

3．墙面不得乱贴、乱画、乱挂。

4．办公室布置要简洁大方，装饰不得过于花哨。

二、办公室物品的陈设要井然有序：

1．办公桌椅、桌面物品应摆放整齐，保持整洁。

2．办公桌上不摆放与办公无关的物品，有关办公用的文件资料和文具的摆放不能杂乱无章。

3．文件柜要经常清理，柜内文件、图书、报纸、杂志等物品要摆放整齐。

4．档案类资料等不常用的物品应放入专门的档案柜内，严禁在室内外随处摆放、堆积。

5．靠窗户的柜台上严禁堆放任何档案、物品、资料等，以免影响美观。

三、上班期间，出于礼貌和方便工作，办公室门必须打开。下班时，应关闭办公室所有电器，关好门窗，以免发生意外。

四、严禁在办公室内、走廊、过道等公共区域大声喧哗。

五、厉行节约，用水、用电、用纸不得浪费。

六、保洁人员对门厅卫生要随时打扫，楼梯、楼道要经常保持清洁，做到无灰尘、无纸屑、无烟头、无其他杂物、清新、美观。

七、水电管理人员对廊灯及会议室桌椅、灯具要每周检修一次，保持设备完好、清洁。

八、不仅要净化环境，而且要净化语言，不讲脏话、粗话，自觉服从检查和监督、管理。

（二）讨论

1．以上某企业的办公室内务管理标准是否全面？为什么？

2．谈谈企业应加强哪几个方面的办公室内务管理工作。

要点：

_____

_____

_____

_____

_____

_____

_____

_____

_____

_____

（三）办公室人员管理

办公室人员管理是办公室内务管理的一项重要内容，它包含人员的规划、选用、配备、调派、培训和考核等方面。

企业办公室特定的工作环境、工作内容、工作条件和工作要求决定了要成为一名合格的企业办公室人员，除了必须具备较高的政治理论、思想作风和政策水平外，还必须具备较强的专业知识、法制观念和职业道德，特别是要具备完成基本工作任务的素质、技能。因此，在办公室人员管理工作中，办公室主管要注意充分调动办公室人员的积极性，一般可运用以下方法：

1. 心理激励

办公室主管要充分研究办公室人员的心理，懂得心理学，学会心理激励的方法，以达到一定的管理效果，主要有以下三种方法。

（1）注重对办公室人员精神上的激励。在平时工作过程中不时地对办公室人员每一个细小的进步给予肯定，多给予他们生活上的关心和精神上的关爱，增强他们的上进心和责任感。

（2）注重帮助办公室人员应对工作上的挑战。办公室主管在分派一项工作任务时，要使办公室人员充满自信，使其具有努力完成任务的坚定信念。

（3）注重对办公室人员奉献意识的培养。培养办公室人员牢固树立不计名利、任劳任怨、无私奉献、爱岗敬业的精神，严格要求，经得起锻炼和考验，耐得住辛苦、清贫和寂寞，在艰苦的磨炼中充实自身、完善自我。

2. 观念教育

观念教育是指对企业办公室工作人员的观念认识、情感、行动产生影响和作用的一项管理工作。企业要加强对办公室人员的观念教育，使办公室的全体人员形成正确的政治思想、良好的道德情操，充分发挥全体人员的内在潜力，培养员工全身心地致力于本职工作。加强观念教育的方式不可单一化，企业可采取多种方式，如听报告、听讲座、参观、考察、树立典型等。企业要不失时机地把加强观念教育渗透于办公室的全体成员和全部活动中。

 知识链接 2-1：办公室工作应具备的工作作风

第二节　企业对外关系管理

企业对外关系管理是指企业在运营过程中，有意识、有计划地与社会各界进行信息双向交流及行为互动。企业对外关系管理可以增进社会对企业的理解、信任和支持，为企业营造良好的发展环境。企业的对外关系涉及方方面面，主要包括企业与顾客的关系、企业与社区的关系、企业与媒体的关系、企业与供应商的关系、企业与政府的关系、企业与竞争者的关系、企业与社会名流的关系等。其中重点是企业与政府的关系、企业与社区的关系。

一、企业与政府关系管理

企业与政府的关系，是指以企业作为行为主体，利用各种信息传播途径和手段与政府进行双向的信息交流,以取得政府的信任、支持和合作,从而为企业建立良好的外部环境,维护企业的生存,促进企业的发展。

企业同政府存在紧密的依存关系:从行政角度来看,政府是企业的管理者;从法律角度来看,政府是执法者,企业是守法者;从经济角度来看,政府是征税方,企业是纳税方;从公共关系角度来看,政府是为企业服务的。

（一）企业与政府关系的重要性

企业与政府的关系是一个企业发展的外部环境问题,涉及企业的经济效益与社会效益、效率与公平的平衡。企业作为社会的组成部分,不仅要受市场这只"看不见的手"的影响,而且要受政府这只"看得见的手"的控制。因此,企业必须要与政府搞好关系。企业与政府相互依存,主要表现在以下两个方面:

1. 企业的运作和发展离不开政府的支持和帮助,受到政府相关部门的监管

（1）政府通过制定政策管理企业。企业总是在政府的允许范围内运行和发展,如:食品企业要了解国家有关食品安全的法律、法规,工业企业要了解国家有关节能减排的有关规定,出口企业要知晓国家关于出口产品退税和产品产权的有关规定,等等;同时,企业也要了解国家的大政方针和国家的政策导向来申报项目,提高命中率。政府对企业的管理重点,应放在维护企业竞争的外部大环境和竞争秩序方面,放开对企业经营的微观管理。

（2）政府能够给企业提供有力的资金支持。政府是最有影响力和经济实力的组织,能够在财政或经济上给予企业支持、援助,对于企业的生存和发展有很大作用,诸如拨款、贷款、经济援助、鼓动各界声援和协作等,对企业来说是难得的发展条件;相反,如果政府不支持或制裁,企业的发展就会十分困难。

2. 企业的发展是地方和国家经济发展的源泉,也是政府工作成绩的主要表现

（1）企业是社会财富的创造者,也是政府财政的主要纳税者。首先,一个地方的企业效益,直接反映在地方经济数据上,地方 GDP 是最直接、最容易被关注的政府工作成绩。其次,企业效益增加,带来政府财政税收的增多,可以更好地促进政府开展教育、交通、医疗等其他政府工程的建设。

（2）企业积极承担社会责任,能够支持政府工作。首先,企业要做好自身的环境保护、计划生育、社会保障等基础工作,减少政府的管理压力;企业还要创造工作岗位,解决社会的就业问题,安排福利性的工作岗位,帮助残疾人、困难家庭、下岗人员等就业。其次,企业还可以参政议政,关心、支持国家、地方的社会建设,协助政府解决其他社会问题。

 **课堂讨论**

（一）资料

习近平：构建"亲""清"新型政商关系

2016 年 3 月 4 日下午,中共中央总书记、国家主席、中央军委主席习近平看望参加全国政协十二届四次会议的民建、工商联委员,并参加联组会,听取委员们的意见和建议。

习近平总书记强调：实行公有制为主体、多种所有制经济共同发展的基本经济制度，是中国共产党确立的一项大政方针，必须毫不动摇巩固和发展公有制经济，毫不动摇鼓励、支持和引导非公有制经济发展。非公有制经济在我国经济社会发展中的地位和作用没有变，我们鼓励、支持、引导非公有制经济发展的方针、政策没有变，我们致力于为非公有制经济发展营造良好环境和提供更多机会的方针、政策没有变。

习近平提出政府与民营企业之间要建立新型政商关系，概括起来说就是"亲""清"两个字。对领导干部而言，所谓"亲"，就是要坦荡真诚地同民营企业接触交往，特别是在民营企业遇到困难和问题情况下更要积极作为、靠前服务，对非公有制经济人士多关注、多谈心、多引导，帮助解决实际困难。所谓"清"，就是同民营企业家的关系要清白、纯洁，不能有贪心、私心，不能以权谋私，不能搞权钱交易。对民营企业家而言，所谓"亲"，就是积极、主动同各级党委和政府及部门多沟通，多交流，讲真话，说实情，建诤言，满腔热情支持地方发展。所谓"清"，就是要洁身自好、走正道，做到遵纪守法办企业、光明正大搞经营。

（资料来源：新华每日电讯，2016 年 3 月 5 日）

（二）讨论

1. 谈谈新形势下如何构建企业与政府的关系。

2. 组织同学以"企业的发展离不开政府的支持、企业的发展不需要政府的支持"为辩论赛正方和反方题目进行辩论，说明企业与政府关系的重要性。

要点：

（二）处理企业与政府关系的基本原则

（1）服从政府的统一管理。为了维护整个国家利益，甚至是全球利益，企业必须自觉服从政府的管理。即使是法律、法规、政策、条例等使企业受到经济损失，如果没有周转的余地，企业也必须履行。例如：政府提倡反腐倡廉，要求工商企业组织在经济活动中应该教育干部和员工，不能违背廉洁奉公的原则；如果某些政府官员利用手中的权力进行权钱交易的腐败活动，企业的相关人员要坚决抵制，还可向主管当局检举，配合政府的工作。

（2）遵纪守法。企业是法人，对政府来说是一个团体公民，它的所有活动和行为必须在法律、法规所允许的范围内进行。企业只有守法,才能在政府面前建立一个良好的政治形象,得到政府的认可,企业的权利和利益才能得到政府的保护,赢得消费者的信任。反之,如果一个企业无视国家政府的政策和法律,为了企业的利益从事违法勾当、偷税漏税、生产仿冒伪劣产品、违章作业,那企业就会受到法律的惩罚和政府的处罚。

随着中国企业走向国际化,企业还必须遵守国际法律和国际惯例。在海外的企业必须遵守当地国家政府的法律和规定,以及一些乡规民俗,这样才能与当地政府关系融洽。

(3)大力支持政府工作。企业应该根据自身的实际情况,力所能及地参与社会活动(如政府号召援助灾区人民、资助"希望工程"、赞助社会公益事业、维护社会治安等活动)。这样可以为政府分挑一些重担,客观上也可以赢得社会的好评和政府的赞赏。

(4)企业利益应与国家利益和社会利益一致。企业是社会的一部分、一个局部的群体,有自己的目标和利益。政府则是代表国家维护全体人民的利益,是社会利益的代表。企业追求自己的利益是无可非议的,但这种对利益的追求必须与社会利益趋于一致性,才能得到政府的认可,从而获得政府的信任和支持;如果违背了局部利益服从整体的社会利益,不能很好地做到企业利益与社会利益的一致性,政府则可能失去对企业的信任,那么,要想获得政府的帮助和支持、协调与政府的关系将成为一种不现实的空想。

(三)企业与政府关系管理的方法

企业作为社会组织的一分子,要服从政府对全社会的统一管理。因为企业是营利性组织,所以企业与政府存在着更为直接的利益关系。政府是企业的重要公众,与政府关系是企业协调外部关系的重要方面。正由于政府对企业有着多方面的行为和利益影响,因此,企业必须正确对待和努力协调与政府的关系。具体应做到以下几方面:

(1)及时了解和熟悉政府颁布的各项政策、法规,收集、汇编各级政府和部门下达的各种文件、条例,并随时研究政府政策、法规的变动,准确掌握政府的大政方针和宏观意图,以便正确接受国家对企业的宏观指导。

(2)自觉遵守政府的各项法规条令,用其规范企业的生产经营活动;主动协调和正确处理企业与国家的利益关系,维护和服从国家的整体利益。

(3)熟悉政府机关的机构设置和职能分工,弄清与本企业联系密切的职能部门的工作范围和办事程序,并与有关工作人员保持经常联系,以便提高办事效率。

(4)主动向政府有关部门通报企业的经营情况,提供有关信息资料,争取政府部门的了解与支持,为政府制定有利于企业发展的政策和法规提供依据。

(5)邀请政府官员到企业参观、访问,或出席企业庆典仪式、成果展览、新闻发布会等,利用各种渠道和形式加强政府与企业的联系,增进政府对企业的了解和支持。

(6)主动协助政府解决一些社会问题,如出资赞助社会公益事业、提供就业机会、进行就业培训和在职培训、积极参加各种公益活动、自觉保护生态环境等。

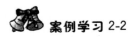 案例学习 2-2

惠普公司与政府关系管理

惠普作为全球最大的计算机厂商之一,在进入中国市场后,积极将自身大客户管理的相关经验以及规范推广到中国，并形成了一套独具特色的政府客户关系管理的方案。惠普公司通过对中国市场的分析，依靠自身的产品及创新优势，促进产品的合理布局，扩大了市场份额。针对政府客户，惠普的关系管理主要体现在以下几方面：其一是专注产品创新，立足本土特色；其二是引领绿色科技，契合政府需求；其三是完善的金牌服务，舒适的客户体验；其四共谋合作，共赢未来。惠普公司在对政府客户关系管理过程中，注重以客户为中心，加强产品的变革与创新，加强与政府客户技术或事务合作，提供超预期的优质服务，敏锐地分析政府需求特色。

 课堂讨论

　　你认为在上述案例中，惠普公司与政府的关系管理，是不是真正意义上的企业与政府关系管理？请说明理由。

要点：

二、企业与社区关系管理

　　企业与社区关系是指企业与所在地居民及其他社会组织的关系，包括企业所在的乡镇或街道组织，临近的工厂、机关、学校、医院以及居民等。

（一）企业与社区关系的重要性

　　社区是企业赖以生存、发展的基本环境，是企业存在、发展的社会根基。发展良好的企业与社区关系，可以争取社区公众对企业的了解和理解，为企业创造一个稳固的生存环境；同时，企业可以带动社区经济的发展，增加社区居民的就业机会。企业与社区关系的重要性主要表现在以下两个方面：

1. 企业的发展离不开社区的服务支持

（1）社区能为企业员工生活提供社会服务。社区为企业员工提供的社会服务包括水电供应、交通运输、治安和消防保卫、子女入学等。良好的社区社会服务有助于增加企业员工的安全感,消除其后顾之忧,提高其工作热情。

(2)社区能协助企业发展。社区公众是较为固定的消费者,从某种意义上讲是企业所依赖的"衣食父母",因此社区可以帮助企业销售产品,使企业获得经济效益。

2. 企业可以带动社区经济发展、促进社区居民就业

(1)企业可以为社区发展提供资金支持。企业为社区投入帮扶资金,包括上缴稳定的税金、利润和各项费用、基金等,来改善社区基础设施建设,为社区创办各项公益事业。

(2)企业能增加社区居民的就业机会。企业可以结合自身的用工需要,及时与社区联系,共同筹办创建社区现场招聘会,为社区待业人员提供充分的就业机会。

(二)企业与社区关系管理的方法

1. 参与社区公益事业建设

企业可通过提供资金和劳务等形式,来支持社区的各种公益事业,如集资、捐款兴建教育、医疗、体育、卫生、福利等设施,赞助社区文化、体育娱乐活动,参加社区的各种义务劳动,等等。

2. 积极承担社区责任

企业作为社区的一员,应该主动协助完成社区管理工作,如企业可以帮助社区解决失业人员问题,协助社区做好人口普查、社区选举和环境保护工作,配合社区解决一些突发性的灾难事故等。

3. 加强与社区的沟通交流

企业与社区沟通交流的方式是多种多样的,如邀请社区领导和社区公众一起聚会,以及举办电影、音乐会、舞会以及体育活动等。加强与社区的沟通交流,使企业可以及时地了解社区的意见和态度,并使企业的意见迅速、准确地传播出去。

 课堂讨论

(一)资料

格力电器,珠海的一张闪亮名片

格力电器最终脱颖而出,成功入选"珠海十大文化名片",成为珠海的一张闪亮名片。

1. 格力电器树立空调行业标杆,打造中国制造典范。珠海格力电器股份有限公司经过二十多年的发展,从一个年产值不足3亿元、年产量不足2万台的小型工厂发展成为全球最大的专业化空调企业,家用空调产销量自1995年起连续22年位居中国空调行业第一,自2005年起连续12年领跑全球。

2. 格力电器助力提升珠海知名度。目前,格力电器自主品牌产品远销160多个国家和地区,用户超过3亿。格力电器既是珠海的龙头企业,又是国内第一家"走出去"的家电企业,并且以过硬的质量、创新的技术、完善的售后服务成为全球空调业的领导者,打造了一个世界名牌,同时也有力地提升了珠海的知名度。

3. 格力电器连续10年居于纳税榜首。珠海格力电器股份有限公司董事长董明珠认为,格力电器始终将依法诚信纳税作为自己的责任,在企业发展过程中,不但定下营销目标,也定下纳税目标。作为家电行业的领跑者,格力电器连续15年位居中国家电行业纳税

第一。

4. 格力电器不遗余力解决就业问题。格力电器根植珠海二十多年，一直对解决珠海劳动者的就业问题不遗余力。目前，格力电器有 7 万多名员工，随着企业的不断发展，公司每年都会增加新的就业岗位，想方设法为下岗人员创造再就业的机会，尽其所能吸纳就业人员，还积极参与珠海市对口扶贫地区的劳务扶贫工作，吸纳这些地区的农村富余劳动力就业。

5. 格力电器引领珠海产业转型升级。作为珠海的龙头企业，格力电器将创新驱动作为产业转型升级的抓手，时刻发挥着引领支撑作用。在"创新驱动"的战略指导下，格力电器潜心研发，建成了全球规模最大的专业空调研发中心，建成 727 个实验室，10000 多名科研人员。

（二）讨论

1. 目前格力电器和珠海之间的关系如何？

2. 探讨如何进一步加强格力电器发展，提升珠海魅力。

要点：

....

....

....

....

....

....

....

....

第三节 企业差旅管理

一、企业差旅管理的内容

出差是企业员工因工作关系进行的外出活动。企业员工出差，会形成很多行政事务。企业行政部门需要对整个企业的员工差旅活动进行管理，包括交通住宿安排、差旅费用管理等。

（一）交通工具的选择

行政人员应根据出差的距离、时间、经济性、出差人的职位等选择、安排、指定相应的交通方式。出差的交通方式有公司车辆、出租车、火车、长途客车、飞机、轮船等。

（1）路途较近的，经过申请，可由行政办公室安排公司车辆；路程不远但需及时前往的，可批准乘坐出租车前往,经费报销。

(2)路程较远的,可以选择乘火车、长途客车、轮船等交通工具,企业行政部门应协助办理订票事项,经费由公司预支或个人先行垫付;出差人要注意保留好票据,留作报销凭证;路途遥远,且时间较紧时,需要搭乘飞机的,应由主管人员批准。

(二)住宿酒店的选择

企业行政人员可以根据公司情况制定各级员工出差的报销标准,并按照标准帮助出差员工选择酒店。企业出差员工的住宿安排,主要是选择适合的酒店。根据《中华人民共和国星级酒店评定标准》,酒店按等级标准分为一星级到五星级5个等级。

(1)一星级酒店:属于经济型酒店,设备简单,具备食、宿两个最基本功能,一般客房设备完善,有电视地毯,能满足客人最简单的旅行需要。

(2)二星级酒店:属于一定程度的舒适型酒店,要有电梯、客房、电话分机、接待服务,卖品部、邮电、理发等综合服务设施,服务质量较好。

(3)三星级酒店:属于平均水平的舒适型酒店,要有接待厅和阅览室、隔间装置、会议室、游艺厅、酒吧间、咖啡厅、美容室等综合服务设施。

(4)四星级酒店:属于高水平的舒适型酒店,设备豪华,综合服务设施完善,比如要有宽大的公共场所、套间公寓式客房,能提供兑换货币、电脑和手机上网等服务。客人不仅能够得到高级的物质享受,也能得到很好的精神享受。

(5)五星级酒店:属于豪华型的酒店,设备十分豪华,设施更加完善,拥有各种规格的餐厅,较大规模的宴会厅、会议厅,高级宽敞的公共场所,露天或室内游泳池,综合服务比较齐全,是社交、会议、娱乐、购物、消遣、保健等活动中心。

除了传统的星级酒店外,快捷酒店也是企业员工出差住宿的不错选择。快捷酒店又称"有限服务酒店",最大特点是房价便宜,其服务模式为"住宿和早餐",属于价格低廉、设施简洁、安全、干净和性价比高的酒店模式。在快捷酒店还未兴起时,多数酒店都是采取独立经营模式,酒店服务项目多,人员配置较多,浪费和占有很多资源,无形中增加了酒店支出成本,使得大部分酒店处在长期亏损或收益比较低的状态。而快捷酒店实行连锁经营,整合了资源,使得酒店经营具有规模化、组织化、现代化等特点,在总部统一管理下,按照统一的经营方式进行共同的经营活动。快捷酒店在中国经过十多年的发展,产生了像如家快捷酒店、锦江之星旅馆、格林豪泰酒店、速8、汉庭快捷酒店、7天连锁酒店等快捷酒店品牌。

除了根据企业情况,明确酒店等级之外,还需要注意以下事项:

(1)在大型商业活动期间,酒店住宿紧张,要注意提前通过电话和网上预订或者通过企业当地的办事处来安排好住宿。

(2)考虑好出差员工的商务活动需要,比如:酒店位置要接近工作或学习地点,方便工作;如果要在酒店接待客户或者工作会议,要考虑酒店是否有洽谈或开会条件。

(3)需要长期出差住宿的地点,可以选择、固定住宿在一家适当的酒店,签订长期合约,可以获得更加优惠的价格。

 知识链接 2-2: 常用的国内外酒店预订网站

理论联系实际

请你考察一下你所在地酒店的情况,针对每种类型的酒店分别列举两个当地具体酒店的例子,这些酒店的地理位置如何?这些酒店的标准间的价格分别是多少?每种类型的酒店具有什么特点?除了以上类型的酒店还有其他的住宿方式吗?并请填好下表:

××地酒店情况表

酒店的等级	酒店名称	标准间的价格 （单位：元）	酒店的地理位置	酒店的主要特点 （配套设施、装修风格、服务）
1. 五星级酒店				
2. 四星级酒店				
3. 三星级酒店				
4. 二星级酒店				
5. 一星级酒店				
6. 快捷酒店				
7. 其他类型				

（三）差旅费用管理

差旅费用管理是指对企业员工在差旅中形成的费用支出,由企业来进行支付,并统一管理。由于差旅费用发生在外,管理比较困难,容易产生漏洞。企业一般会设计较为严格的管理程序对差旅费用进行控制。在通常情况下,差旅费用是由员工向企业借款,出差结束后再凭费用单据回企业报销。在出差时间长、需要经费多时,也可由企业预先借出一定经费给员工,使用后再由员工在报销数目中抵还。一般企业的差旅费用报销单见表 2-2。

表 2-2 差旅费报销单

差旅费报销单

年 月 日

报账前请整理单据并按出差顺序分段填列

<table>
<tr><td colspan="6">姓　名</td><td></td><td>职　别</td><td></td><td>出差事由</td><td colspan="3"></td><td>出差人数</td><td></td></tr>
<tr><td colspan="6">单　位</td><td></td><td>出差日期</td><td colspan="7">自　年　月　日至　年　月　日共计　天</td></tr>
<tr><td colspan="6">起讫时间</td><td rowspan="2">起讫地点</td><td rowspan="2">人数</td><td rowspan="2">车/船/机费</td><td rowspan="2">住宿费</td><td rowspan="2">乘车补助费</td><td colspan="2">定额补助</td><td colspan="2">其　他</td></tr>
<tr><td>月</td><td>日</td><td>时</td><td>月</td><td>日</td><td>时</td><td>伙食补助费</td><td>公杂费</td><td>项目</td><td>金额</td></tr>
<tr><td></td><td></td><td></td><td></td><td></td><td></td><td></td><td></td><td></td><td></td><td></td><td></td><td></td><td></td><td></td></tr>
<tr><td></td><td></td><td></td><td></td><td></td><td></td><td></td><td></td><td></td><td></td><td></td><td></td><td></td><td></td><td></td></tr>
<tr><td></td><td></td><td></td><td></td><td></td><td></td><td></td><td></td><td></td><td></td><td></td><td></td><td></td><td></td><td></td></tr>
<tr><td></td><td></td><td></td><td></td><td></td><td></td><td></td><td></td><td></td><td></td><td></td><td></td><td></td><td></td><td></td></tr>
<tr><td></td><td></td><td></td><td></td><td></td><td></td><td></td><td></td><td></td><td></td><td></td><td></td><td></td><td></td><td></td></tr>
<tr><td colspan="7">小　　计</td><td></td><td></td><td></td><td></td><td></td><td></td><td></td><td></td></tr>
<tr><td colspan="12">接待单位是否提供食宿　　食：是□ 否□　宿：是□ 否□</td><td>合 计</td><td colspan="2">￥</td></tr>
<tr><td colspan="8">原借或尾欠金额：</td><td colspan="2">实报金额：</td><td colspan="2">应退金额：</td><td colspan="3">应补金额：</td></tr>
<tr><td colspan="15">备　注：</td></tr>
</table>

附件　　张

财务审核人：　　　　单位负责人：　　　　经办人：

企业差旅费用是除企业人力资源成本之外的第二大可控成本，能否有效地控制这部分成本将直接影响企业的赢利能力，反映企业的行政管理水平。企业在差旅费用管理中要注意以下两个方面：

（1）严格执行企业差旅费用管理制度。企业差旅费用管理制度是企业财务制度的重要组成部分，需要加强监管、严格执行，特别是对外出产生的票据，应认真审核，以免出现多报、错报、虚报，产生财务问题。

（2）尽可能提高差旅费用管理的效率。由于企业在处理差旅费用报销时需要做票据的核查、输入、审计等烦琐工作，因此企业应尽可能利用计算机提高差旅费用管理效率，实现差旅费用的网络管理。

知识链接 2-3：发票报销新规出台之后，差旅费报销应当注意的事项

课堂讨论

（一）资料

行政部经理一行的差旅安排

王辉是南京某企业行政部秘书，入职不到一年时间。这天，行政部经理把他叫到办公室，告诉他行政部经理一行 3 人（2 男 1 女）准备到深圳参加人才交流会，同时拜访合作企业，经理请他安排差旅行程。

（二）讨论

1. 如果你是王辉，你将如何安排这次差旅活动？

2. 在差旅费用控制方面，你有何考虑？

要点：

_____

_____

_____

_____

_____

_____

_____

_____

_____

二、企业差旅管理的新趋势

随着现代通信、计算机、网络等技术的成熟，企业的差旅管理出现外包化、信息化、集中化的新趋势。优秀的差旅管理不但可以提高企业的行政管理水平和管理效率，削减超过20％的成本费用，还能使出差人员享受更加便捷、周到、准时、安全的差旅服务。

（一）外包化的差旅管理

外包化的差旅管理是指企业将自己的差旅费用和管理全部交给专业的管理公司，由专业公司整合资源，提供包括预订酒店、机票、会务、租车等全方位的服务，并执行有效的差旅政策，利用先进的数据分析系统，规范公司差旅行为、降低公司差旅成本的一种综合性管理。

外包化的差旅管理作用表现于三个方面：一是可以降低企业的差旅费用，节约成本；二是能够给企业提供便捷、多样的差旅服务；三是可以使企业从烦琐的差旅管理中解放出来，能够有更多时间专注于其核心业务。

实施外包化的差旅管理主要包括三个流程：

1. 填写申请表

员工出差之前要填写好出差申请表，其内容包括所属的部门、行政级别、出差时所能享受的待遇、个人爱好、出差的时间及地点等。

2. 确定差旅方案

出差的员工要将申请表通过电子邮件传到差旅管理公司的服务终端，由客户经理确认无误后，将这些信息输入差旅管理系统，之后就会生成一套为出差人员量身定做的个性化服务方案。

3. 形成定期反馈差旅报告

差旅管理公司会有专门的客户服务经理时刻关注企业在商务旅行中的时间、地点和各类需要,对企业每月的差旅报表进行数据分析,查找出其中存在的漏洞,形成差旅报告,向企业提出建议。

(二)信息化的差旅管理

信息化的差旅管理是指利用互联网的信息处理,完成在线信息查询、全球数据跟踪、电子差旅费用报告生成、企业财务系统整合以及差旅计划方案的调研和网上互动等,让企业在任何时间、任何地点实时掌握所有信息,并能随时做出差旅计划的反馈、评估和调整的一种综合管理。

信息化的差旅管理,是现代信息技术同差旅管理相结合的产物。要实现信息化的差旅管理,企业应做到以下三点。

1. 收集完整的差旅信息

由于以前收集、整理差旅信息的工作烦琐,差旅信息处理的成本高,所以大部分企业放弃对差旅信息的收集,造成很多企业的差旅管理存在盲点。企业要实现信息化的差旅管理,必须保证收集的差旅信息真实、完整。完整的差旅信息应包括公司在每年商旅计划中用于交通及住宿上的花费、出差者的频率、差旅范围等。

2. 拥有计算机硬件支持

企业要拥有信息技术的硬件基础,如现代的通信网络、台式计算机和笔记本电脑等。

3. 引进计算机软件系统

企业要引进先进的信息软件系统,如差旅管理软件系统、远程支付软件系统、财务分析软件、在线预订系统等,来实现差旅管理的信息化。

(三)集中化的差旅管理

集中化的差旅管理是指将过去员工分散的出差个人行为,转变成为公司统筹安排的一种管理。这种差旅管理适合一些规模大型、差旅管理较多的企业。由于一些企业的分支机构以及运营子公司遍布全国,因而差旅管理工作的主要难点在于金额庞大、地域性强、市场环境多样、服务提供商供求不平衡等。这就使集中化的专业管理成为最有效的手段,使得内部成本控制能够达到预期的效果。

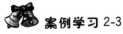

案例学习 2-3

云之家携程商旅应用升级,协力打造差旅全流程管理

2017 年 6 月 21 日,"超体时代"云之家 V9 新品发布会在深圳举行。V9 版本覆盖五大办公功能,并着重优化了企业在日常办公流程中的审批环节。在新版本中,携程商旅作为第三方差旅管理应用,携手云之家共同改进了企业差旅审批功能,实现出差审批与预订的无缝连接;结合云之家前端申请、审批与后端报销功能,为用户提供差旅全流程、一站式的管控服务。

2016 年,国内领先的差旅管理公司——携程商旅与云之家达成战略合作协议,正式登录云之家开放平台,为云之家 300 万企业用户提供一站式差旅预订及综合管控服务。企业用户可以通过云之家接入携程商旅,轻松部署企业差旅管理:实现机票、火车票、酒店住宿、用车等产品的一站式预订;还可选择公司账户支付,员工出差不再需要垫资,也缓解了企业的资金压力。

结合此次审批功能的优化，携程商旅联合云之家进一步打通了企业差旅流程，将出差申请、审批、预订、报销环节无缝对接，形成差旅闭环。这样，一方面，整合的差旅流程为双方的企业用户提供了更便捷的体验；另一方面，通过差旅政策和审批的结合，把差旅管控从事后提至事前，依靠制定合理的差旅标准帮助企业减少员工差旅费用超标行为。通过携程商旅的差旅管控，可以帮助企业实现最高达 30％的差旅费用节省。除此之外，携程商旅还提供在线管理报告，让企业差旅费一目了然；其自助对账系统、统一开票功能更把企业财务从烦琐的流程中解放出来。

要点：

_____

_____

_____

_____

_____

_____

_____

第四节　企业会务管理

各种会务的管理是企业行政事务的重要组成部分。行政工作人员从事会务工作，应该熟悉和掌握组织会议的知识，尽职尽责地把会议的组织管理工作做好，以利于提高会议质量和效益。

应该说，一些会议是可以通过邮件、手机短信、分发文件等方式让大家知晓需要解决的问题的。企业召开会议，要产生实效，就要确定几个要点：

（1）会议的目的是什么？最终要解决什么问题？

（2）什么人需要参加会议？尽量不要邀请没有必要参加会议的人员，一方面是浪费他们的时间；另一方面，他们可能会带来一些不相关的话题而浪费别人的时间。而且，要告知参会人员会议的目的和可能占用的时间。让适当的人参加会议是保证会议成功、有效的关键。

（3）会议的时间和地点？在会议准备阶段，要对会议时间进行调研，选择一个合适的会议时间，在选择会议地点时，最好选择不会干扰会议进程的地方开会。

（4）开会的方式是什么？要及时开始，准时结束，对每项议程都要严格掌控时间。

规范的企业会务组织，一般可以划分为会前组织管理、会间服务管理、会后事项管理这三个基本的作业程序。

一、会前组织管理

认真、负责地做好会议的准备工作是开好会议的基本保证,是会议能否按照预定程序逐次展开、顺利完成的基础和前提。一次规范的企业会议的会前准备工作,应该包括以下主要内容:

（一）制订企业会议计划

企业会议的召开,总是有着其特定的目的、内容和要求。为此,必须根据这些特定的目的、内容和要求事先认真准备,提前进行周密策划。在制订企业会议计划时要注意以下几个方面:

（1）要根据企业的工作需要和企业领导的意图,就会议召开的情况做出总体筹划。

（2）要将会议召开的名称、时间、地点、主题、主持人、议事日程、与会人员初步确定下来,报送有关方面进行会前审核。

（3）确定召开会议后要及时通知所有的与会者,以便让其有充分的准备,调节和安排与会时间。

（4）要根据企业会议召开的实际需要制定出会议预算。

（二）制订企业会议预案

企业会议预案就是企业会议的总体方案,其内容包括以下几个方面:

（1）会议名称。即拟召开会议的规范的名称。会议名称的基本构成方式是:"单位名称＋时限＋会议内容＋会议性质"。例如,"××公司 2018 年年终表彰大会""珠海里程公司秋季新产品推介会"等。

（2）会议主题。即召开会议的目的、原因、主导思想和主导内容。

（3）起止日期。即召开会议的开始日期、结束日期。

（4）议事日程。即召开会议的具体日程安排和议题安排。

（5）与会人员。即召开会议的参会人员。与会人员包括:出席人员、列席人员、特邀人员、工作人员等。

（6）会议筹备班子。一般要在大、中型的企业会议中才有必要设立专门的会议筹备班子。设立专门筹备班子的目的是进一步明确各工作人员的职责分工,做到:横向到事,纵向到人;人有专职,事有专人;分工合作,强化责任。会议筹备班子按职责的不同又可分为若干个工作小组:秘书组、资料组、宣传组、后勤组、保卫组等。

（7）会议会场布置。企业会议的会场布置一方面包括场地选择、话筒设施、空间温度、光线照明、音响调试等;另一方面包括主席台设置、座位排列、会标悬挂、花卉陈设等。

（8）会议活动安排。即在会议过程中由会议组织方安排的各种活动,如参观访问、外出考察、分组讨论、联欢娱乐等。会议活动是企业会议的正式内容和重要组成部分,其目的是:促进与会人员的联系、交流、沟通;配合会议内容,巩固会议效果;帮助与会人员开阔视野、愉悦身心。

（三）准备企业会议文件

规模比较大、内容比较重要的企业会议，均需事先准备好各种会议文件。企业会议的文件不要过多、过细、过长和过于复杂，并且要事先印制好供会议发放。特别重要的企业会议还要做好会议文件的登记和回收工作。

企业会议文件的具体内容一般包括开幕词、领导人讲话稿、报告资料、交流材料、会议须知或会议手册、闭幕词等。

（四）发送企业会议通知

比较正规的企业会议需要提前发送会议通知。会议通知有请柬、邀请书和书面通知、口头通知、电话通知等形式。无论哪一种形式的会议通知，都要做到及时、准确、明晰、精简，防止错发、漏发、重发。

书面的会议通知上要写明的内容包括会名、会因、会期、报到和开会的时间、地点，以及参会的人员范围、接站及行车路线、需携带的会议材料、需缴纳的会议费用等。

（五）布置企业会议会场

会场是举行会议的具体场所。会场布置要根据会议的实际需要和其他各种相关因素考虑。重点要注意会场大小、座位多少、音响效果、话筒设施等。布置企业会议会场的基本原则是朴素、大方、简洁、庄重，能够体现会议的气氛和主题。

（六）排列企业会议座次

企业会议座次包括主席台座次和其他座次。主席台座次以与会人员的职务或社会地位、名望高低排列，最高者排在主席台第一排的正中间，其余按高低顺序，以正中间作为起点，面向会场，依左为上、右为下的原则交叉排列。座次安排须报领导者审定。其他与会人员的座次，可按姓氏笔画顺序、按地理位置、按行业系统等方式排列。

（七）进行与会人员编组

较大规模的企业会议，还需要对与会人员进行编组，目的是方便分组讨论和会间活动。编组的方法有按地区编组、按专业编组、按职务职称层次编组等。

（八）制发会议名册证件

会议名册是与会人员之间进行联系的必要工具，应尽快、尽早进行编印。会议名册应包括姓名、性别、年龄、工作单位、职务、电话号码、通信地址、房间号等项目。大型会议还常需要印制有关证件，如出席证、代表证、嘉宾证、签到证、记者证等，以便于识别身份、统计人数和保障安全。

（九）编制会议代表手册

会议代表手册（或会议须知）是大、中型企业会议用以指导与会人员活动的印刷品。其项目包括大会各级工作机构、一般情况介绍、分组情况、大会日程表、各项活动时刻表、会场及会场平面图等。

（十）进行会议前检查

企业会议正式召开以前，要对会议的各项准备工作进行全面、认真、细致的检查，重要会议还需要进行反复检查。检查的重点包括会议文件、会场布置、安全保卫等。

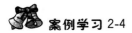 **案例学习** 2-4

万达开会组织有序

在大连万达集团股份有限公司,有一本《万达大中型会议会务手册》,即便你不是组织活动出身,只要"一册在手",你组织任何会议,基本上也能得心应手了。

细节,是万达会议组织最为注重的。除了参会必要的流程、与会人员、参会的主题、会议每一个议程的时间……甚至与会人员每人每天每场在哪个桌子开会、需要穿什么服装、在哪个餐厅的哪个位置就餐、参会当天的天气如何等都有详细的说明和介绍。

其中,万达年会的胸卡就是一个浓缩的会务流程,一个小卡片就是一个为你私人定制的数据库。胸卡的正面是参会人员的照片、姓名、部门、职务等信息;胸卡的背面,是每天会议的全部流程,包括:欢迎晚宴的地点、具体时间、每个人就餐的桌牌号;开会的时间、地点、每个人的座位号;分论坛的场次、时间、地点、每个人的座位号。看完这一张卡,与会人员该怎么做就一目了然了。

二、会间服务管理

在企业会议召开期间,办公室人员需要参与做好各项组织服务工作,以保证会议的顺利进行。其内容包括以下几个方面:

1. 会议签到

为便于会议组织者及时了解与会人员的出席情况,在会议开始时要认真做好会议签到工作。

2. 会场服务

是指会议工作人员在会场提供的茶水、纸笔、声讯等服务。

3. 会议记录

是指会议组织者对会议情况进行的最原始、最全面、最真实的记录,包括文字记录、录音记录、录像记录、文稿存留等。

4. 编写会议简报

是指具体反映会议情况、进程、动态的书面材料,以便向与会人员或非与会人员通报会议情况。

5. 进行会间调度

是指会议组织者在会议进行期间对会议程序、会议内容、会场服务等情况进行临时的变通、调整和安排。

6. 组织会议选举

是指会议进行期间举行的选举。其一般程序包括以下几个方面:

(1)宣布参加选举的人数和选举内容。

(2)通过会议选举办法。

（3）通过监票人、总监票人名单。

（4）核实出席会议并选举参加选举的人数。

（5）检查票箱。

（6）分发选票。

（7）填写选票。

（8）宣布投票顺序和进行投票。

（9）宣布开箱清点选票，报告收回选票数。

（10）宣布选举是否有效。

（11）进行计票。

（12）宣布选举结果。

7．安排会议期间生活

是指安排好与会人员在会议召开期间的食宿、交通、活动参观访问和业余文化生活。

 课堂讨论

（一）资料

如何进行高效的会议组织管理？

第一，会议所采用的方式，必须是在能够达到会议目标的所有方式中的最佳方式。

第二，参加会议的人员，既要符合合法性，又要符合合理性，使参加会议的人员体现出最佳构成。

第三，在每一个会议召开之前，会务工作人员要根据会议的职权，根据会议各个议题的轻重缓急和会议领导者的安排，对计划提交会议的议题进行必要的梳理和优化。

第四，为达到对会议决策方案的优化，要求会议对任何一个决策结果的最终形成，提供多个预选方案，以便进行比较、优化和抉择。这样，会议上决策的质量才能有保证。

（二）讨论

请你谈谈如何优化企业的会议。

要点：

....

....

....

....

....

....

....

....

....

三、会后事项管理

会议结束,并不意味着会务工作任务的完成,还有许多事项需要落实。例如,安排与会人员的返程、会议记录整理、会议议定事项的催办、与会人员的离会事宜、会议文件的归档、会议新闻报道,以及会议财务决算、会议工作总结等。

作为行政工作会议,开会只是一种手段,真正的目的在于落实。通过会后跟踪服务,不仅可以督促工作的抓紧落实,还可以及时收集、了解各种动态信息,有利于行政工作的进一步开展。因此,会后跟踪服务是行政会议之后的重要工作。会后的跟踪服务主要有以下几个方面:

（1）及时跟踪会议精神的贯彻、传达情况。

（2）督察会议布置任务的完成情况。

（3）搜集员工在落实工作中的意见、建议和呼声。

在跟踪服务的方式上,可以通过电话了解、问卷调查,也可以深入座谈、个人访谈。不论采取什么形式,都应务求实效、达到预期目的。

总之,会议是人们有组织地会晤、议事的重要社会活动,而且这种行为和过程是有组织、有目标、有规则、有领导、有秩序的。办公室行政会议就是通过交流信息、集思广益、研究问题、做出决定来推动事业的不断发展。但是办公室人员工作的着重点不能放在会议上,而应该放在深入实际地调查研究上。会议不可不开,但也不可多开。要开会就要认真准备、精心组织、把会议开好,讲究会议的质量和效益。

 **稳扎稳打**

一、单项选择题

1. 以下哪一点不是办公室工作的特征?（　　）。

   A. 服务性　　　　　B. 决策性　　　　　C. 专业性　　　　　D. 主动性

2. 在办公室人员的工作顺序中,以下哪一项是正确的?（　　）。

   A. 没有任何设想就着手从事该项工作

   B. 工作人员具有适当判断情况、机智应对的应变能力

   C. 上司分派两项以上工作时,按照先来后到顺序进行

   D. 如果上司所指示的工作不合适,则可以不实施

3. 办公室工作一般都比较繁杂,因此工作人员必须管理好自己的时间。以下利用时间的行为中哪一项是不适宜的?（　　）。

   A. 定好目标,把想做或需要做的事情写下来

   B. 尽量控制外来干扰,把重要工作安排在安静、有效的时间段里去做

   C. 每天把工作安排得超出工作时间,给自己压力

   D. 对每一项工作做出安排,定好最后期限

4. 办公室人员在传达上司的指示时,哪一项做法是不适宜的?(　　)。

  A. 可以根据上司的主要意思在传达时加入自己的意见

  B. 必要时可形成文字材料,以防遗漏

  C. 不可在普通电话、普通函件里传达有秘密内容的指示

  D. 重要的指示,应该要求被传达者复述一遍,以免漏听或漏记

5. 在接打电话时,正确的做法是(　　)。

  A. 电话铃响一声就应接听

  B. 在电话机旁随时放着电话记录单和笔,一有留言就能立即记录下来

  C. 接听业务电话时,应首先让对方报出姓名、单位

  D. 替上司传话时,应考虑对方的情绪以个人的口吻转达

6. 在会议开始前和进行过程中,工作人员的以下哪项活动是不恰当的?(　　)。

  A. 协助签到

  B. 分发资料

  C. 做会议记录时离开会议室接听电话

  D. 暂时保管与会者的物品

7. 做会议记录时,可以在会议记录中(　　)。

  A. 加入自己的主观意见

  B. 不记录议题

  C. 与发言者用词不一致但意思完全一致

  D. 对所记内容做评论

8. 办公室人员在为领导安排商务旅行时,以下哪一项是不适宜的?(　　)。

  A. 准备旅行计划和旅馆信息

  B. 代替领导制订约会计划

  C. 为商务洽谈收集资料

  D. 把商务旅行需要带的行李列出清单

9. 预订机票时,以下哪一种做法不正确?(　　)。

  A. 首先搞清楚出差人员想做什么样的安排

  B. 办理预订飞机票手续之前材料要备齐

  C. 与人联系时要记下对方的姓名(同时告知你的姓名),如有疑点,应找同一个人

  D. 不必提前在取票前或出发前再用电话予以确认

10. 办公室人员需要做好文件收集工作,应该收集的文件资料是(　　)。

  A. 下级单位报送的报告、统计报表等

  B. 未经签发的文电草稿

  C. 单位内部互相抄送的文件材料

  D. 本单位负责人兼任外单位职务所形成的文件材料

二、判断题

1. 办公室人员在第一次做一项工作时应该快一些,如果错误可以再做一遍。(　　)

2. 办公室人员在传达上司信息时，可以把上司的话语增加或减少，以个人的口吻来转达。　　　　　　　　　　　　　　　　　　　　　　　　　　　　　（　　）

3. 在接待来访者时，应该站起来与来访者讲话。　　　　　　　　　　（　　）

4. 召开会议，工作人员要做好会议记录并把每次会议纪要放进会议文件夹，以便以后查看。　　　　　　　　　　　　　　　　　　　　　　　　　　　（　　）

5. 为来自外地的与会者安排宾馆住宿，最方便的安排是在同一家宾馆为与会人员预订房间，只要弄清有多少人数即可。　　　　　　　　　　　　　　　　　　（　　）

6. 办公室接待工作要厉行节约，不搞形式主义和铺张浪费。　　　　　（　　）

7. 文件归档是没有期限要求的。　　　　　　　　　　　　　　　　　（　　）

8. 在处理企业与政府关系的过程中，企业行政人员要始终把企业利益放在第一位。
　　　　　　　　　　　　　　　　　　　　　　　　　　　　　　　　（　　）

9. 企业参与社区公益事业是一件只有付出没有收获的事情。　　　　　（　　）

10. 办公室人员在进行差旅安排时，应遵循守规、高效、节俭、适合、便捷的原则。
　　　　　　　　　　　　　　　　　　　　　　　　　　　　　　　　（　　）

三、简答题

1. 企业行政人员在单独或随同上司出差结束后，要做好哪些工作？
2. 办公室人员受上司指示，在向对方约定会晤时，应注意哪些要点？
3. 完整的会议记录应该包括哪些事项？

习题参考答案（二）

 项目训练

项目一：

【项目任务】

研究一家企业的情况，让学生收集并制作名片、企业通讯录，在课堂上进行交流讨论。

【项目目的】

提高对企业对外关系重要性的认识，掌握拓展对外关系的方法。

【项目实施步骤】

1. 让学生结合一家企业的工作业务，收集和制作一些名片，名片的人物应来自同企业有相关性的外部行业。

2. 按照不同企业的背景，设计一些特定的情景（如企业遇到了资金周转问题需要借钱、企业忽然出现集体食物中毒突发事件等），讨论谁收集的名片最有用处。

3. 学生将收集到的名片整理到自己设计的通讯录上。

4. 老师点评学生的表现，讨论对外关系管理工作的价值。

项目二：

【项目任务】

结合以下的工作背景，制作一次外地的行政会议的策划方案，包括会议及差旅安排等。

背景：2018 年 11 月 10 日至 13 日，珠海的软件企业旭日公司到上海浦东参加中国软件产品交易会，参加人员包括：刘总经理、市场部王经理、技术部软件开发员两人、行政助理小许。交易会议期间，需要组织一次公司在上海地区主要客户的联系会议。

【项目目的】

了解行政会议的组织策划以及差旅管理的内容。

【项目实施步骤】

1. 根据前景资料，安排出差人员的行程、交通、住宿，列出此次差旅活动的准备及注意事项。

2. 策划、设计会议安排方案。方案的基本内容包括以下几个方面：

(1) 拟定会议主题：确定会议的主要内容、指导思想、目的任务。

(2) 会议内容：时间、地点、议程、形式、人员等。

(3) 准备会议文件：列出文件清单。时间允许可以列出文件内容。

(4) 拟发会议通知：将参加会议需要知道的事项以通知的形式告诉参加会议的人员。

(5) 会议布置及服务准备事项。

(6) 应急预案：对会议可能发生的意外事项做好预案。

3. 教师检查并评价学生设计的行程及会议方案，学生参与讨论。

第三章 ｜ 企业文化

知识目标

◎ 了解企业文化的含义、作用、层次及内容。

◎ 熟悉企业文化活动的常见形式。

◎ 熟悉企业文化宣传的内容及形式。

能力目标

◎ 具有策划开展常见的文体活动的能力。

◎ 能够撰写企业文化软文。

◎ 具备利用互联网进行企业文化宣传的能力。

素养目标

◎ 培养学生具有企业文化（校园文化）宣传的文化素养。

◎ 培养学生具备企业文化（校园文化）建设的创造力。

◎ 培养学生利用互联网进行网络传播素养，使学生能主动、积极地与他人交流、分享学习成果。

关键词： 企业文化，企业精神，文化宣传，新媒体

知识结构

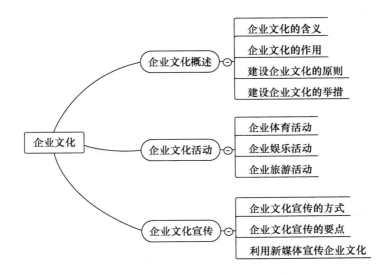

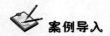 案例导入

科隆公司的企业文化塑造

在变幻莫测的经济大潮中，冰冰所在的科隆公司敏锐地觉察到企业文化的重要性，认为21世纪的竞争将是知识的竞争、文化的竞争，企业文化将是企业发展的推动力，是一种新型的生产力。因此，科隆人把塑造企业文化作为当务之急，希望通过各种活动为科隆的企业文化注入新的活力，为下个世纪的再创辉煌打下坚实的基础。

要做就做最好的！不仅是生产最好的产品，还包括制定最好的战略，提供最好的服务，树立最好的形象等，可以涵盖企业行业的方方面面，必将成为所有科隆人不断追求的最高目标。面对新世纪的挑战，科隆的企业文化将凝聚全体员工的智慧力量，不断地激励科隆人同心同德地为实现"全球战略"目标而努力。

 思考：

（1）科隆企业文化的主要内容是什么？

（2）如何提升企业文化？

（3）怎样加强企业文化宣传？

笔记：

....
....
....
....
....
....
....
....

第一节　企业文化概述

一、企业文化的含义

随着现代管理水平的提高，企业越来越认识到企业文化对一个企业发展的推动作用，从而也更加积极地开展企业文化的建设工作。

企业文化是企业价值观在其指导思想、经营哲学、管理风格和行为方式上的反映。具

体地说,它是指企业在一定的民族文化传统中逐步形成的具有本企业特色的价值观念、基本信念、管理制度、行为准则、工作作风、人文环境,以及与此相适应的思维方式和行为方式的总和。企业文化包括企业物质文化、企业制度文化和企业精神文化三个层次。这三个层次的企业文化由内而外形成一体,相互产生影响,共同构成企业文化的完整体系,见图 3-1。

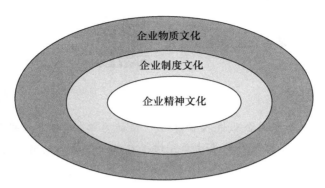

图 3-1 企业文化的层次

（一）企业物质文化

企业物质文化是由企业员工创造的产品和各种物质设施等构成的物质载体,是一种以物质形态表现的表层企业文化,是企业精神文化的显现和外化结晶。它主要包括以下内容:

（1）企业标识,如企业名称、企业象征物。

（2）生产或服务,如生产制造出质量可靠且性能、价格比高的商品。

（3）工作环境或厂容,如办公环境、经营环境均整洁、明亮、舒适。

（4）技术装备,如配置先进、适用的机器设备。

（5）后援服务,如为服务对象提供无微不至、主动、便利的服务。

（6）人才资源,如通过全程、终身培训使员工均达到同行业优秀水平。

（7）福利待遇,如公司员工通过辛勤劳动获得行业和当地领先的工资、福利待遇等。

（8）组织的企业文化活动及其成品,如摄影作品、电影、录像、美术作品、文学作品、歌舞作品等。

（二）企业制度文化

企业制度文化是指企业规范化管理方面的所有规章制度、章程、标准等。它是企业员工行为规范的约束机制,是形成良性企业文化的保证,是企业文化的中间层次。企业制度文化主要包括以下三个方面:

（1）企业领导体制。它是企业领导方式、领导结构、领导制度的总称。

（2）企业组织机构。它是指企业为了有效实现企业目标而筹划建立的企业内部各组成部分。

（3）企业管理制度。它是指企业在进行生产经营管理时所制定的,起到规范、保证作用的各项规定或条例。

（三）企业精神文化

企业精神文化是指企业在生产经营过程中，受一定的社会文化背景、意识形态影响而长期形成的一种精神成果和文化观念。它主要包括企业精神、企业经营哲学、企业道德、企业价值观念、团队精神、企业风貌等内容。企业精神文化在整个企业文化系统中处于核心地位，是一种意识形态上的深层企业文化。

 知识链接 3-1：**著名企业的企业文化**

 课堂讨论

请分组查找最近一年中国企业进入世界 500 强的名单，哪些进入世界 500 强的企业文化做得比较好，这些企业文化的内涵是什么？请把自己小组找到的资料分组进行展示，各个小组共同探讨、学习。

要点：

_____
_____
_____
_____
_____
_____
_____
_____
_____
_____

二、企业文化的作用

一个企业的文化需要长时间的积淀，一旦形成良好的企业文化，将可以具有其他企业难以复制的竞争优势。企业文化发挥的作用是无形的，却又是非常巨大的，它常常可以渗透到企业的方方面面。企业文化主要有以下三个方面的作用：

1. 凝聚作用

好的企业文化就像一根纽带，可以把员工和企业的追求紧紧联系在一起，使他们感到个人的工作、学习、生活等任何事情都离不开企业这个集体，将企业视为自己最为神圣的东西，与企业同甘苦、共命运。

2. 约束作用

明确的企业文化理念对员工行为具有无形的约束力。经过潜移默化和群体舆论可在企业中形成与企业文化理念相应的群体规范和行为准则,从而实现员工外部约束和自我约束的统一。

3. 辐射作用

企业文化一旦形成较为固定的模式,不仅会对企业员工产生影响,也会通过各种渠道对社会产生影响。企业文化向社会的辐射,可以利用各种宣传手段,促进企业文化的发展。企业文化的辐射作用,有助于企业向社会大众展示企业高尚的精神风貌和事业追求,从而树立企业在公众中的良好形象。

总之,企业文化发挥的作用是无形的,却又是非常巨大的,它常常可以渗透到企业的方方面面来促进企业的发展。

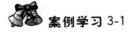 **案例学习 3-1**

华为的企业文化

目前,中国华为技术有限公司的销售收入和净利润均超过了爱立信,成为全球电信和网络领导者。华为如此成功,其秘密是什么?成功往往由许多因素促成,像许多优秀公司一样,华为的成功源自其深厚的企业文化。

1. 成就客户。优秀企业都将客户放在首位。华为创始人任正非在华为创立之初就要求员工眼睛盯着客户,真正做到了以客户为中心。

2. 艰苦奋斗。华为强调唯有艰苦奋斗才能获得机会,比如公司成立初期,公司给每位新员工提供一床毛巾被和一个床垫,为许多加班到深夜和白天中午需要在公司午休的员工提供在办公室睡觉的条件。

3. 高瞻远瞩。员工持股制度不仅能助力华为吸引并留住艰苦奋斗的员工,还能使公司做出长远规划。任正非认为这一制度也能让员工朝着他们的目标和公司长远愿景不断努力。

4. 审慎决策。任正非一向不主张在重大战略上快速决策,他总是迫使自己花更多时间进行反思。这样的决策风格也是由公司的员工持股制度所决定的。员工持股制度能确保决策权处于公司控制之下,任何外部投资者都无权左右公司决策。

三、建设企业文化的原则

1. 人本化原则

建设企业文化要坚持以人为本,尊重人、理解人、关心人、塑造人,重视员工素质培养,促进员工全面发展,充分调动员工的积极性、主动性和创造性,努力把员工培育成优秀员工、有用之才。

2. 实践性原则

一个企业的文化,是企业在长期的生产经营管理过程中不断总结经验,不断吸取教训,不断消化外部因素,不断探索研究,不断发掘整理而逐步形成的。因此,建设企业文化要从实际出发,不能凭想象,不能闭门造车,不能脱离企业的实践。

3. 时代性原则

建设企业文化要着眼于时代,着眼于发展,着眼于未来,要符合市场经济的要求,适应经济全球化的趋势，具有时代气息，反映时代精神。

4．个性化原则

企业要结合自己的历史传统和经营特点，建设具有本企业特色的企业文化。只有拥有被顾客所公认的个性化企业文化，企业才能独树一帜、具有竞争的优势。

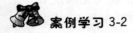 **案例学习 3-2**

格力电器的企业诚信文化

诚实守信是珠海格力电器股份有限公司生存发展的基石。诚信经营、诚信发展，是格力电器做大、做强并走出国门的保障。在公司发展的二十多年里，格力电器以诚信为基石，步步为营，做到一诺千金。例如，在 2017 中国深商大会暨全球龙商大会上，公司董事长董明珠霸气承诺："格力空调十年之内不坏不修，坏了包换！"在格力电器，诚信是企业重要的理念，格力电器不仅把精力放在产品的生产上，更放在公司的诚信建设上，两者并驾齐驱，才能所向无敌。

四、建设企业文化的举措

1．创立企业文化礼仪

企业文化礼仪是指企业在长期的文化活动中所形成的交往行为模式、交往规范性礼节和固定的仪式。它主要有工作惯例礼仪、生活惯例礼仪、纪念性礼仪、服务性礼仪和交往性礼仪五种类型。创立企业文化礼仪，能使企业文化礼仪与企业价值观相一致，有效地发挥企业文化礼仪在建设、强化、传播企业文化中的积极作用。

2．营造企业文化氛围

企业文化氛围是指笼罩在企业整体环境中，体现企业所推崇的特定传统、习惯及行为方式的精神格调。它主要由物质氛围、制度氛围和感情氛围等三部分构成。良好的企业文化氛围对于企业员工具有积极、健康、催人向上的影响作用。

3．塑造企业形象

企业形象是企业文化的外化表现，是外界对企业文化的直接感受，是社会公众对一个企业的全部看法和评价。它具体表现为产品形象、环境形象、职工形象、管理形象、公共关系形象等。塑造一个良好、鲜明的企业形象，是一个长期、艰苦的过程，需要全体职工的共同努力和坚持不懈的奋斗。

4．提炼企业精神

企业精神是指在企业领导者的倡导下，根据企业的特点、任务和发展走向，使建立在企业价值观念基础上的内在的信念和追求，通过企业群体行为和外部表象而外化，形成企业精神的状态。企业精神的提炼具有人为性，这就需要企业的领导者根据企业的厂情、任务、发展走向有意识地倡导，亲手培育而成。在提炼企业精神的过程中，特别应将个别的、分散的好人好事从整体上进行概括、提炼、推广和培育，使之形成具有代表性的企业精神。

知识链接 3-2：企业文化建设的实用手法

 理论联系实际

　　结合你所在的企业或学校,谈谈企业文化建设或校园文化建设都采用了哪些文化建设的手法。举例说明每一种你所在的企业或学校所采用的手法,并谈谈如何提高企业文化建设和校园文化建设水平。

记录:

_____

_____

_____

_____

_____

_____

_____

_____

_____

_____

第二节　企业文化活动

　　开展企业文化活动是企业文化建设的基本组成部分。组织开展企业文化活动可以强身健体、愉悦身心,也能改进企业气氛、增强企业凝聚力。常见的企业文化活动主要有体育活动、娱乐活动和旅游活动等。

一、企业体育活动

(一)企业体育活动设施

　　开展企业体育活动需要企业配备相应的设施条件。一个企业的文化活动能经常性地开展,在很大程度上取决于其设施的完备性和实用性。为了方便员工参与,企业可以根据自身的实力和员工偏好,在力所能及的范围内配备一些能让员工喜爱的体育设施。

　　企业配置的体育活动设施要突出安全要求,努力避免员工在参加业余体育锻炼时出现生命安全事故;同时,应从企业实际出发,尽量做到多功能、群众性,提高其使用效率。一些规模较小的企业,虽不必建设专门的场馆,但可以考虑配备一些小型的体育器械,如羽毛球、跳绳、排球,或者在走廊、办公室一角挂一个飞镖靶等。常见的体育活动设施有:

　　(1)健身房。因健身房设施投资大,需要配置的器材也较多,如多功能综合训练器、跑步机、健身车、登山机、划船器、滑雪器等,效益非常好的企业可以配置。

（2）桌球、乒乓球室。这两种体育活动设施都比较大众化,而且占地面积不大,因此大多数企业都可以设置。

（3）羽毛球场、网球场。这两种体育活动设施需要的场地面积大,因此有场地优势的企业可以设置。

（4）篮球场、足球场。篮球、足球是团队活动,员工的参与面大,而且可以对外进行比赛,因此有利于增强企业凝聚力。篮球活动一般会得到企业的经营者认同,所以开设篮球场地比较普遍;由于足球场地投资昂贵,较少企业愿意投资这项运动,他们一般会利用社会或附近学校的场地开展足球活动。

（二）企业体育活动的形式

开展企业体育活动,光有设施还是不够的。企业体育活动的负责人应该充分利用企业的现有设施,组织形式多种多样、丰富多彩的体育活动,才能真正吸引员工参与,达到企业文化建设的目的。体育活动一般都带有一定的竞赛性质,根据企业员工的实际情况,设计并认真组织相应的活动形式,可以培养员工的竞争意识、团队精神和集体荣誉感。

常见的企业体育活动形式有:

（1）运动会。企业可以视实际需要,有选择地开展田径运动会、趣味运动会、单项运动会等,例如长跑、游泳、拔河、跳绳、踢毽子等。

（2）登山比赛。根据企业所在地的地理位置,企业可以组织员工开展登山比赛,不仅可以鼓励员工不断攀登、努力进取,而且能促使他们接近大自然、强身健体。

（3）球类比赛。在企业的体育活动中较容易开展球类比赛,球类项目有乒乓球、羽毛球、篮球、排球、足球、保龄球、网球等。

（4）棋牌赛。在企业体育活动的棋牌赛中较正式的项目有中国象棋、围棋、国际象棋、桥牌。其他较受员工欢迎的项目还有连珠棋、跳棋、军棋、拖拉机等。此外,麻将牌在我国有不少爱好者,国家体育总局为此专门制定了竞赛规则,只要不进行赌博,企业也可组织比赛。

除此之外,企业还可以经常开展一些适合中老年人的武术、健美操、健身操、木兰扇、太极拳等集健身与艺术于一体的体育活动。企业也可以根据所在地的条件,开展划船、赛龙舟、放风筝等具有特色的体育活动。

二、企业娱乐活动

（一）企业娱乐活动设施

同企业体育活动一样,企业娱乐活动也需要有相应的设施。配置企业娱乐活动设施,必须先按照一些原则从总体上进行把握和取舍,然后再考虑设计的方案和其他细节问题。常见的企业娱乐活动设施有:

（1）影视歌舞厅。影视歌舞厅设备包括投影仪、灯光、音响、电视等高级设施,大型的企业可以设置。

（2）阅览室。为提升员工的文化素养,企业应建立阅览室,提供图书、期刊、专业资料等。

（3）网络室。随着信息化的普及，网络正逐渐成为人们新的娱乐休闲方式。企业可以建立网络室，以满足企业员工聊天、游戏、收集信息和学习知识的需要。

（二）企业娱乐活动的形式

为取得良好的企业文化宣传效果，企业可以组织丰富多样的娱乐活动，在娱乐活动中宣传、灌输企业文化，使员工放松心情、缓解工作压力，寓教于乐。常见的娱乐活动形式有：

（1）歌咏比赛、文艺会演。企业可通过举办歌咏比赛、文艺会演来庆祝重要节日和纪念日，以此宣传企业文化，丰富企业员工的业余生活。

（2）交谊舞会。企业一般可在节假日或者周末晚上举办交谊舞会，以此为年轻员工广交朋友、结识异性提供较好的机会。

（3）演讲比赛。演讲比赛可作为员工进行自我企业文化教育的有效方式，应按不同内容、主题来组织。演讲比赛内容应贴近员工生活，如阐述企业精神、赞扬员工中的好人好事。

（4）知识竞赛。企业可以通过举办知识竞赛促进员工了解企业文化，深化对企业文化的理解。

（5）书画、摄影展览。企业可以通过员工的书画、摄影创作展览展示员工书画水平和综合修养，以此鼓励员工追求真善美。

三、企业旅游活动

旅游是企业经常组织的综合性企业文化活动。企业组织员工旅游可以使员工放松心情，缓解压力，还可以激发员工的归属感、荣誉感、团队精神和工作积极性。随着经济的发展，许多企业都将组织员工旅游作为重要的企业文化活动来开展。

企业组织员工旅游，不同于个人旅游，必须带有一定的企业目的。为实现企业组织旅游活动的目的，行政人员应进行详尽的组织、安排，不能一切由旅行社决定。在组织员工旅游时，应注意以下几点：

1. 明确旅游活动的目的

企业组织旅游可以有以下目的：激励优秀员工、培养员工的团队意识、营造企业文化氛围、体现企业对员工的关心、让员工释放工作压力等。目的不同，旅游的方式及组织会有所不同，所以必须先明确旅游目的。

2. 确定参加旅游的人选

如果旅游带有激励的目的，需要确定达到什么标准的员工才能参加旅游，各个部门把达到标准要求的员工报送相应的部门，由企业组织人员对参加旅游的员工进行评审，最终确定人选，确保把旅游这种激励措施用到位。如果企业确定旅游人选存在很大的随意性，就会导致旅游这种激励手段的效果大打折扣。

3. 做好旅游合同谈判

一般企业的大型旅游活动都会交给专业的旅游企业来承办。企业在进行旅游合同谈判时，必须注意选择声誉良好的旅行社，同时也要关注旅行社和导游的服务质量与水平，以免出现回扣、购物"黑店"等。企业行政人员在签订旅游合同时,要事先就线路、价格、住宿、时间等细节进行确认。

4. 安排好前期准备工作

（1）领队的确定。从参与旅游的员工中选择一个领队,要求其有一定的影响力、号召力,知识面宽,性格开朗,有一定的组织能力,并愿意义务提供相应的服务。领队的职责是:召集人员、安排食宿、与旅游公司或导游沟通或交涉、维持秩序及其他事项。

（2）编制参与旅游员工的通讯录,以方便旅行期间的沟通与联络。

（3）旅游前的培训。旅游前的培训内容包括当地的风俗习惯、宗教禁忌,以及员工外出的行为准则等。如果出国旅游,企业可以借用旅游公司的资源,培训有关目的地国的法律、法规,以及检验检疫要求、流行病预防等知识。

5. 注意旅游的其他事项

（1）注意旅游安全。旅游是一项高风险的活动,必须约束员工参加探险、攀岩等刺激性活动。同时,为保障员工的旅游安全,应为企业员工购买旅游保险。

（2）树立良好的企业形象。企业组织的旅游与一般的旅行团不同,企业员工应杜绝不良习惯,为企业树立良好的形象。

（3）合理安排好企业的各项工作。在企业员工旅游期间,应做好相应的工作安排,保证企业正常的生产经营活动。

（4）营造企业文化氛围。为营造融洽的企业文化氛围,在旅游期间企业可单独组织一些合适的活动,如企业主题歌、企业领导节目表演等。

 课堂讨论

（一）资料

××公司组织优秀员工旅游

为表彰、激励优秀员工,拓展员工视野,××公司先后组织两批在 2018 年度工作表现优异的员工分别赴云南、陕西进行观光旅游。一直以来,××公司坚持"以人为本"的管理理念,组织多次旅游活动,让员工在"积极工作,快乐生活"的文化氛围中感受到公司对员工的关爱之情。

公司的人性化管理模式,促进了领导和普通员工之间的沟通,拉近了彼此间的距离,增强了员工之间的团结、协作,同时也融洽了公司内部的关系,推动了企业文化发展,调动了员工的工作积极性。作为表彰先进的旅游活动使公司员工团结向上,增强了公司的凝聚力和向心力,体现了公司"以人为本"的管理理念,使员工们开拓了眼界,陶冶了情操,增强了作为公司员工的荣誉感。员工们表示,在旅游放松身心之后,一定要全心全力地投入到本职工作中去,用实际行动回报公司,为公司再创辉煌做出自己应有的贡献。

（二）讨论

1. 什么样的员工才能获得参加本次旅行活动的资格?

2. 你认为公司组织优秀员工旅游的意义是什么?

要点:

第三节　企业文化宣传

企业文化宣传是要将有关企业目标、企业精神、价值理念、新闻事件等,对内部员工或外部公众进行广泛传播,从而使之被了解和认同。它作为企业文化的有机构成,在促进企业文化建设中发挥着重要的作用:对内能统一思想,增强企业凝聚力;对外能扩大知名度,提升企业品位,树立良好的企业形象。因此,企业文化宣传是企业文化建设的重要手段,属于企业文化建设的核心。

一、企业文化宣传的方式

(一)黑板报、海报、公告栏

黑板报、海报和公告栏都属于固定地点的张贴宣传手段,侧重于对内部员工的宣传,宣传的内容可以有企业文化的核心理念、目标、口号等。这种宣传方式可设在员工活动的日常区域,如人流量较大的企业门口、路口、办公公共区域等地点,以此来强化宣传效果,起到反复强化性宣传和对员工激励的作用。

(二)企业自办报刊、期刊

企业自办报刊、期刊担负了对外宣传企业文化、对内增强员工素质的重任,成为整合企业内、外部资源,增加企业凝聚力与向心力的基本途径。是提高员工忠诚度、加强团队协作的平台,是强化企业文化建设、提高企业美誉度的有效工具,是企业自我教育、建立学习型组织的阵地。

 知识链接 3-3: 如何办好企业内刊

（三）广播

企业广播是企业文化宣传的主要渠道之一，与报刊相比，具有信息传播及时、内容更加丰富、生动的特点，一般适合规模比较大、企业员工工作比较集中的企业。为了使播出的节目内容贴近职工工作实际，满足企业文化宣传需要，广播站播出的内容可以包括企业管理规章制度、企业生产信息等企业文化信息。

（四）视频宣传片

企业视频宣传片也可称为"企业电子名片"，就是用制作电视、电影的表现手法对企业内部的各个层面有重点、有针对性、有秩序地进行策划、拍摄、录音、剪辑、配音、配乐、合成、输出制作成片，目的是为了声色并茂地凸显企业独特的风格面貌，彰显企业实力，让社会不同层面的人士对企业产生正面、良好的印象，从而建立对该企业的好感和信任度，并信赖该企业的产品或服务。

 理论联系实际

请每个组查找一个企业的优秀视频宣传片，组织学生在课堂上交流、展示这些企业的视频宣传片，分组讨论以下内容：

1. 这些企业视频宣传片的主要宣传内容是什么？

2. 这些企业视频宣传片的作用是什么？

3. 为了进一步提高企业的知名度和宣传效果，可以在哪里播放企业视频宣传片？

4. 请每小组学生制作一份自己小组、班级的视频宣传片，并在课堂上交流和展示。

记录：

提示：

企业视频宣传片应包括的内容有企业的品牌形象、公司形象、产品介绍、企业的产品与服务、公司文化和规模情况。它让观众在轻松的环境下直观地、形象地了解企业的产品与服务、公司文化和规模情况，让客户了解企业如同看电影一般有乐趣。企业视频宣传片可以用在展会上循环播放,也可以在公交汽车、电梯间、互联网、移动手机、电视相关栏目中播放。

（五）网络

网络宣传将成为企业文化宣传必不可少的高效途径。网络宣传不同于传统媒体的信息单向传播,它可以将文字、声音、画面完美地结合之后供用户检索、重复观看,完成信息互动传播。

 知识链接 3-4:"互联网+"成为企业文化传播的新常态

二、企业文化宣传的要点

（一）树立先进典型

企业要建立典型的发现、挖掘和宣传机制,培养一批体现时代精神,具有专业技能、项目管理、科技创新等方面能力的能工巧匠,增强优秀人才的成就感和荣誉感,在企业员工中树立优秀标杆,引导企业员工正确的价值取向,提升企业文化的宣传效果。

（二）围绕中心任务

企业的中心任务是生产经营,企业文化宣传要注意同企业的生产经营相结合,为企业创造经济效益服务。因此,企业文化宣传应以营造气氛、激励员工、促进完成生产任务为目标,完善文化宣传的内容(经营理念、服务宗旨、产品追求、工作态度等),增强企业的知名度,建立良好的企业形象,从而影响消费者对企业及其产品的看法,帮助企业提高竞争力。

（三）控制负面信息

由于新闻记者和广大公众对于事件所持的态度不同,看问题的角度不一,所以有时会出现不利于企业的负面信息。因此,企业文化宣传应避免新闻记者和广大公众的猜疑、误传,有效控制信息传播的走向,引导大众从积极的方面看待企业出现的问题。企业应该对负面信息产生的原因进行分析,采取负责任的态度,多从自身找原因,雷厉风行地解决问题。通过舆论和大众的监督,企业应认真改善经营,提升自身的实力,引导宣传企业文化,实现和谐发展。

（四）注意保密工作

在宣传、报道企业文化时,可能不经意将企业的商业秘密泄露出去,给企业造成不可挽回的损失,使竞争对手轻而易举地获取情报。为了避免在宣传、报道企业文化时泄露企业秘密,企业要注意以下几个问题:

1. 弄清企业保密的事项及范围

企业要准确地划定企业资料中秘密与非秘密、一般秘密与核心秘密的界限,对于不宜公开宣传、报道的事项或介于秘密与非秘密之间的事项,尽量不宣传、报道。例如,企业内部会议、活动等形成的秘密文件、讲话、资料等,未经审查批准,不能擅自公开见报;企业公开发行的刊物、书籍不得登载秘密文件、内部资料等。

2. 树立全局观念和保密观念

为适应企业市场竞争的需要，既要搞好宣传工作，又要确保企业秘密安全。因此，企业不能只顾宣传企业的成绩和优势而不顾保密工作，更不能为了个人的名誉、利益而泄露企业秘密。

3. 注意宣传稿件的审查工作

企业文化在宣传时，应有专门人员负责审查宣传、报道的稿件。当遇到必须公开报道有关秘密的宣传稿件时，企业应按程序报请企业领导批准。

三、利用新媒体宣传企业文化

近几年来，以互联网为代表的新兴媒体，如电子报纸、电子杂志、微博、微信、移动媒体手机软件等，在促进经济发展、推动社会进步、提高人民生活质量、倡导文明风尚等方面发挥着越来越重要的作用，其影响力不容忽视。开展企业文化宣传工作要尽快适应新媒体，将传统宣传方式与新媒体结合，通过全媒体信息传播，加大企业文化宣传力度，从而促进企业发展。

（一）认识新媒体的宣传特点

1. 信息传播迅速、及时

新媒体传输速度快，覆盖面广，不受时间、空间的限制，一条新闻在很短时间内就可以传遍整个世界；同时，它也具有实时更新的功能，重大事件发生时，随着时间的变化可以连续滚动报道，几分钟就可以更新一次。其中，通过微博、微信、其他手机软件等进行信息传播，可以实现与新闻事件发生、发展同步进行，形成现场直播的效果。

2. 信息内容丰富

新媒体所包含的信息量大，这些信息包括与事件相关的背景信息、专家评述及广大公众的观点反馈等，这些都是传统媒体无法提供的。报刊的容量有限，广播及电视的信息传递时间短暂，新媒体却可以依靠海量的信息容量和无时间限制的优势为公众提供更多、更全面的信息。

3. 能够参与互动

新媒体可以通过评论等手段让受众一同参与其中。任何人都可以在新媒体平台上发布信息、言论和观点，互相交流、讨论。在这个舆论场中，大家都是平等的，人人都是通讯员、评论员，不存在舆论掌控的优势与劣势。目前，以全体网民共同参与互动为基础的自媒体时代。

（二）新媒体对企业文化宣传的挑战

企业文化宣传的出发点和归宿都是企业利益最大化，基本都是表扬、歌颂、企业精神的塑造及企业好人好事的宣传、弘扬，多用绝对数字来宣扬自身业绩与取得的荣誉。传统企业文化宣传的出发点是灌输、教育，"我讲你听""我说你做"，有一定的强制性，较少考虑受众的需求和感受。

在新媒体环境下,由于信息传播的时效性,传统媒体已经难以竞争。比如原来一些企业报,一个月出版、发行一次,已经走过了数十个春秋,记录、见证了企业的发展历史。但是新媒体的出现与兴起,使得企业报在内容的时效性、丰富性和读者的参与互动性等方面完全败下阵来。企业的纸质报纸与刊物的衰落现象其实是社会传统媒体衰落的缩影。

新媒体与传统媒体相比,信息传播渠道更为多元,表达方式更为灵活,受众人群更为广泛。论坛、博客、微博、微信等新媒体采用的是"大家一起说"的互动式多对多信息发布方式,信息传播更为快速、迅捷,传播的方式可以采取文字、图形、图像、声音、动画、视频等,宣传手法灵活多样、鲜活生动,一条受到关注的信息只需几秒钟的时间即可传遍大街小巷。

(三)利用新媒体优势促进企业文化宣传

在新媒体环境下,与时俱进,创新思路,充分运用新媒体优势,加强新闻宣传力度,强化舆论引导能力,营造良好的内外舆论环境,对于企业的健康发展至关重要。

1. 加快企业新媒体建设

企业文化宣传工作需要不断更新载体,按照社会发展趋势及时建设企业的官方微博、企业微信公众号。可以通过对报纸、内外部网站、微博、微信等传统与新兴宣传平台进行优化整合,形成企业文化宣传资源共享的全媒体发展模式。登录企业网站,即可随时选读电子报和新闻动态,还能随时查看企业产品及历史资料,以及通知、决策等重要信息。通过关注企业微信公众号,可以接收到企业的实时动态新闻、新产品发布、学习资料及行业动态等,还可以通过评论、回复等抒发、表达自己的看法、意见,增强了企业宣传的及时性、针对性、有效性和互动性。

2. 要提高对新媒体宣传的管理水平

在新媒体环境下,企业在企业文化宣传的同时,还要注重舆情管理,提高舆论引导力,有效维护企业的形象和声誉。企业一方面积极履行政治责任、社会责任和经济责任,以实际工作业绩贡献社会、塑造品牌,从源头减少负面舆情的发生;另一方面在做好企业内外宣传的同时,加强对负面舆情的监测、应对与处置。企业应该设立专门的公关部门与舆情管理机构,设立专门的新闻发言人,重点对网站、微博、员工论坛等网络舆论情况进行不间断的监测与分析,提高企业的危机管理与舆情应对水平。

 稳扎稳打

一、单项选择题

1. 企业组织机构属于哪一种企业文化?(　　)。
　　A. 企业物质文化　　B. 企业制度文化　　C. 企业精神文化　　D. 企业道德文化
2. 企业(　　)在整个企业文化系统中处于核心地位。
　　A. 物质文化　　　　B. 制度文化　　　　C. 精神文化　　　　D. 经营文化
3. 以下哪一种不属于企业文化的主要作用?(　　)。
　　A. 辐射作用　　　　B. 经济作用　　　　C. 约束作用　　　　D. 激励作用

4. 哪家企业用武侠文化建设企业文化？（　　　）。

　　A. 阿里巴巴　　　　B. 小米　　　　　C. 腾讯　　　　　D. 百度

5. 企业文化通过各种渠道对社会产生影响属于（　　　）。

　　A. 辐射作用　　　　B. 经济作用　　　C. 约束作用　　　D. 激励作用

6. 以互联网为代表的新兴媒体，不包括（　　　）。

　　A. 微博　　　　　　B. 微信　　　　　C. APP　　　　　　D. 电视

7. 信息传播更迅速、及时的宣传方式是（　　　）。

　　A. 新媒体　　　　　B. 报纸　　　　　C. 电视　　　　　D. 杂志

8. 以下哪一种属于综合性企业文化活动？（　　　）。

　　A. 棋牌比赛　　　　B. 篮球　　　　　C. 旅游　　　　　D. 唱歌

9. 企业晨会的时间一般应控制在（　　　）左右的时间。

　　A. 15 分钟　　　　 B. 30 分钟　　　　C. 45 分钟　　　　D. 60 分钟

10. 确定企业旅游的人员，应该（　　　）。

　　A. 随意安排　　　　B. 自愿报名　　　C. 主观安排　　　D. 严格标准

二、判断题

1. 企业领导方式属于企业的制度文化。　　　　　　　　　　　　　　（　　　）
2. 企业文化对员工没有约束作用。　　　　　　　　　　　　　　　　（　　　）
3. 企业体育活动只要有体育设施就可以。　　　　　　　　　　　　　（　　　）
4. 企业可以组织开展棋牌活动。　　　　　　　　　　　　　　　　　（　　　）
5. 企业组织员工旅游与个人旅游的方式一样。　　　　　　　　　　　（　　　）
6. 新媒体难以控制负面消息的传播。　　　　　　　　　　　　　　　（　　　）
7. 企业要及时建立企业自己的微信公众号。　　　　　　　　　　　　（　　　）
8. 企业的大型旅游活动一般会交给专业的旅游企业来承办。　　　　　（　　　）

三、简答题

1. 企业文化有哪三个层次？分别指的是什么？

2. 组织企业旅游活动要注意哪些问题？

3. 开展企业文化宣传的要点有哪些？有哪些企业的企业文化宣传给你留下深刻的印象？

4. 如何利用新媒体加强企业文化传播？

 项目训练

习题参考答案（三）

项目一：

【项目任务】

对某企业进行调研或者上其官方网站，了解该企业的企业文化建设情况，企业的价值观，企业的历史、现状以及重大的事件，最后编辑、制作一份该企业的文化报刊。

【项目目的】

让学生实际感受企业文化,掌握企业文化宣传的基本手段。

【项目实施步骤】

1. 组织学生选定一家当地的企业,了解其企业文化。

2. 拍摄企业风貌的照片,收集企业的标语、口号、企业文化手册,采访企业的员工,了解企业的新闻事件。

3. 让学生对该企业的企业文化进行分析、总结,并围绕该企业的企业文化创作各种关于该企业文化宣传的材料。

4. 让学生对宣传材料进行排版、制作,最后形成一份企业宣传的报刊。

5. 教师进行指导、评价。

项目二:

【项目介绍】

结合"互联网+"背景,设计、策划一份提升企业文化的方案。

背景:日高公司是一家大型科技企业,有不少外籍员工。为增强外籍员工对中国悠久历史文化的认识,打造节日气氛,关注员工的情感需求,拉近员工与员工、员工与企业之间的距离,更好地促进企业的经济发展,企业拟举行一次中秋活动。

【项目目的】

了解企业文化活动的组织、策划内容,体会企业文化建设的价值。

【项目实施步骤】

1. 教师讲解各国企业文化的差异,介绍本项目策划的要求。

2. 分小组利用互联网完成企业文化活动方案的策划。

3. 各小组对各自方案进行陈述,教师点评并选择各小组策划方案中的亮点,适当组织学生开展相应的活动,观察效果。

第四章 │ 企业员工福利管理

知识目标

◎ 了解企业员工福利管理的常见内容。

◎ 了解企业食堂管理、宿舍管理的重要性及特点。

◎ 熟悉企业社会保险的基本内容和办理流程。

能力目标

◎ 可以拟定企业员工食堂、宿舍管理的基本制度。

◎ 具备组织员工进行心理培训的能力。

◎ 可以办理基本的企业社会保险。

素养目标

◎ 具有自我心理健康认识和能做好自己的心理调节的素质。

◎ 具有社会保险的投保意识。

关键词： 食堂，宿舍，企业员工帮助计划，社会保险

知识结构

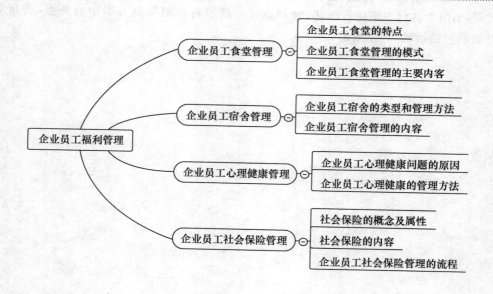

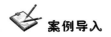

案例导入

××公司员工享受的员工福利

冰冰所在的××公司为员工们提供了多种福利,让他们对公司有一种归属感。这些福利主要有:

1. 免费的食物和零食,包括早、中、晚三餐。冰冰表示,这些免费的食物不仅节省了钱,还帮她跟同事建立了友好关系。

2. 公司的技术部门为员工提供24小时的技术支持。公司里有一些最好的IT专家专为员工解决技术难题,不管是硬件还是软件问题,即便是忘带笔记本电源了都不是问题。

3. 公司关心你的身体健康。在项目里做得好的员工可以得到一个免费"按摩学分"奖励,累积到一定程度可换取一个小时的按摩。

4. 免费的健身课程、健身房。工作的时候能量过剩可以随时去健身房运动一下,累了也可以去放松一下,保证你回来的时候精神抖擞。

5. 额外的时间去释放激情。除了假期,公司给予员工更多体验生活的机会,每年最多可享受高达2个月的无薪休假。

思考:

(1) ××公司为何为员工提供这么多福利?

(2) ××公司为什么要为员工提供免费的健身课程和健身房?

(3) ××公司提供这些福利的目的是什么?

笔记:

....
....
....
....
....
....
....
....
....
....

企业员工福利管理是指企业兴建福利设施,提供配套服务,帮助员工解决生活上的困难,从而让员工更安心地投入工作。企业为员工提供的基本福利有食堂、宿舍、各类基本保险等,随着企业员工心理压力问题的增加,一些企业还把员工心理健康管理作为新的企业福利工作。

第一节　企业员工食堂管理

员工食堂是企业员工工作期间的就餐场所，负责为员工提供卫生、快捷、经济、可口的饭菜。做好企业员工食堂管理工作，是保证员工身体健康、精力充沛的重要后勤保障。

一、企业员工食堂的特点

员工食堂属于企业内部的服务部门，同社会上经营性质的餐馆性质有所不同，作为企业食堂的管理者必须了解其特点以便开展管理工作。

（一）非营利性

食堂不以营利为经营目标。一般情况下，企业食堂的建设费用或者房租费用、水电费用以及工作人员的工资等，都可以在企业的行政费用中开支，不计入伙食成本。所以，企业食堂各种食品的价格明显低于社会上商业饮食部门。

食堂主要为员工提供工作餐，工作餐又分为两种：一种是免费的，另一种是收费的，但是收费的价格一般也比较便宜，工作餐必须体现出企业提供给员工的福利。由于现在生活水平的提高，大家都愿意花钱吃得更好，所以也对食堂工作餐提出了价廉物美的更高要求。

（二）大众性

现在企业员工的来源较广，尤其是一些大型企业，会招聘全国各地的优秀人才，甚至外籍员工，因此员工的餐饮口味可能差别很大。为满足员工不同地区饮食差异和食品营养科学的需要，食堂必须安排大众化的、丰富多样的食品，才能满足员工需要。

食堂管理者要充分调研员工的口味喜好，经常对工作人员进行培训，以设计提供适合员工的食谱。食堂厨师要综合掌握多种烹饪技术，不断提高制作菜肴和面点的技术水平，制作出优质、美味的食品。

（三）时间性

员工食堂服务于企业生产经营，要配合员工下班就餐的时间，在食堂就餐讲求快捷，因此饭菜的准备要充分，以免排队拥挤耽误员工工作休息。尤其是对于企业组织加班或者开会错过就餐时间的员工，食堂应做好补充饭菜的服务工作。

随着时代的变迁，人们的生活节奏也不断加快，市场上餐饮外卖服务十分盛行，一些人养成了外卖消费的习惯。因此，现在的食堂也可适当提供一些外卖方面的餐饮服务。

二、企业员工食堂管理的模式

企业员工膳食的好坏，直接影响到员工工作的积极性及对企业的归属感，从而影响企业的生产及工作效率。要让员工全身心地投入到生产、工作中，就要给他们一种家的感觉和温暖。为满足这种需要，企业可以运用以下两种员工食堂管理的模式：

（一）自办型

自办型员工食堂是指由企业后勤行政部门开办管理企业员工食堂。企业自办型食堂一般由企业投资新建食堂大楼，来解决企业所有员工的就餐问题。由于企业自办型食堂的大部分成本可以由企业承担，所以能提供给员工更好的福利。例如，根据工作情况为每位员工免费提供早餐、午餐甚至晚餐，配备较好的配套设施，营造比较高档的就餐环境，等等。自办型员工食堂适合于效益比较好、经营管理能力强的企业。

（二）外包型

外包型员工食堂是指企业将食堂对外承包给餐饮公司进行经营管理。由于餐饮公司经营食堂更加专业，企业就可以节约管理精力专心从事自身的生产经营。实际上，将企业食堂外包既有优势，也有劣势。

食堂外包的优势：一是有利于降低食堂的采购成本。专业的餐饮公司往往采购量大，成本会更低廉，而且采购渠道也会更专业。二是餐饮公司加工食品更加科学、简单、标准化，从而节省了不必要的人力成本，有利于降低食堂的生产成本。三是有利于企业集中精力关注自己的核心领域，从而提高管理效率。

食堂外包的劣势：一是有些外包公司为了节约成本，食物原料常常以次充好，影响菜品质量。二是企业将食堂外包之后，对食堂的管理是间接的，如果出现问题，整改会比较缓慢。三是假如企业选择的餐饮公司不够专业，可能降低餐饮质量，导致员工有意见。

尽管是外包经营，但为了保证食堂发挥应有的作用，企业应成立相关的管理组织，派出专人监督食堂的日常运作，如原材料采购、食品卫生状况等，以保证职工的就餐条件不断提高。企业员工食堂外包的管理流程如下：

1. 调查承包商

企业应选择有食堂外包经验的承包商，最好是能够对承包商目前承包的食堂进行实地调查。调查的项目应包括以下几个方面：

（1）承包商的能力（包括财务状况、资质、经营能力、经验等）。

（2）外包餐厅的卫生及饭菜品质。

（3）承包商目前承包食堂的合同复印件。

（4）承包商的采购途径。

2. 试承包经营

确定好承包商以后，管理人员便可向企业领导请示试承包期的时间（试承包期的时间由双方签订，一般至少需要两个月以便了解清楚情况），然后通知承包商做好试承包经营准备。试承包经营的主要目的是：一要考核承包经营的诚信度，二要了解员工对承包经营的意见。

3. 签订承包合同

经过试行合适可同承包商签订正式的承包合同。合同的内容应尽量详细，以避免不必要的纠纷造成企业的损失。在承包合同中企业应该保留对承包企业监管的权力，以避免承包商利用食堂承包的垄断优势赚取员工的高额利润。还要注意，为保持员工食堂的福利性，企业不应向承包者另外收取费用，以免成本转嫁到饭菜价格中引起员工的不满。

4. 对承包商的监管工作

承包商作为经营的企业,必然要获取利润。不管企业选择的是什么样的承包商,都必须有专门人员对其进行价格、质量、卫生等方面的监管。为杜绝个人监管可能出现的弊端,企业员工还可以成立膳食委员会进行集体监督,以收集意见、评分等方式促进承包商的工作。对承包商监管检查的一般项目包括以下几个方面:

（1）食品原材料采购的来源、质量、价格等;

（2）厨房、餐厅的卫生条件;

（3）食品制作的过程;

（4）能源的耗用情况;

（5）是否存在安全隐患;

（6）饭菜的分量、口味、价格情况员工是否满意。

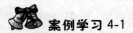 案例学习 4-1

移动互联时代,智慧食堂应运而生

如今正值餐饮 O2O、移动互联炙手可热的时代,各类餐饮 O2O 平台、互联网餐厅雄踞一方,为中国老百姓的“食”生活增添了不少生机和色彩。在科技日新月异、高速发展的今天,当我们随时随地拿起手机任意挑选餐厅预订美食时,可曾想过,如果在公司食堂预订可口的饭菜,是否也可以为生活平添一番美好的体验? 智慧食堂应运而生。智慧食堂具备时下前沿的餐饮管理理念和先进的移动互联技术,可针对食堂经营企业的特质提供具有针对性的解决方案。智慧食堂的最高服务宗旨是优化食堂就餐流程,提高食堂服务水平和管理效率,帮助食堂完成互联网改革。

三、企业员工食堂管理的主要内容

（一）计划管理

计划管理是企业员工食堂管理的关键环节,主要是指对采购、销售等制订计划,然后将食堂各个部门的工作密切地协调起来,按照各自计划分工合作,有条不紊地完成任务。

计划管理是在企业领导的布置、安排下,根据市场、季节和就餐者的需要,确定食堂服务目标,并进行科学、合理的安排。企业员工通过计划的制订、执行、检查和分析,可以对食堂服务活动进行组织、实施、监督和调节,以便有效地利用人力、物力和财力,完成预定的目标,取得良好的服务效果。为保证食堂计划管理的实施,企业员工应密切关注食堂计划管理指标。食堂计划管理指标一般主要包括以下两类:

1. 企业食堂的数量指标和质量指标

（1）数量指标:是指企业员工食堂在计划期内对食品加工、出售、总营业额应达到的数量要求。数量指标主要有原材料购进额、食品出售额、炊事管理人员定员人数、承包总额的主副食品所要达到的品种数量等。

（2）质量指标:是指企业员工食堂在计划期内食物加工、销售所要达到的质量要求。质量指标主要有物料用品消耗率、劳动效率、食品卫生质量,以及机械利用率、维护、保养、使用年限等。

2. 企业食堂的实物指标和货币指标

(1)实物指标:是指用碗、勺、盘、根、个、块、份等数量单位来计划食物的指标。

(2)货币指标:是指以价值形式来反映的指标,通常以元、角、分计算。

(二)卫生管理

食堂卫生的好坏,不仅关系就餐员工的身体健康,对他们的工作积极性有很大的影响,而且关系企业的工作任务能否顺利完成。企业员工食堂卫生管理主要包括食品卫生管理、个人卫生管理、厨房卫生管理、餐厅卫生管理和用具清洁管理等。

1. 食品卫生管理

它主要包括以下几个方面:

(1)采购原料、食品要保证新鲜、卫生。

(2)食品要做到生、熟分开,存放食品、原料要做到离地、离墙,干、湿物品不得同室存放。

(3)操作时要分台、分池操作,以免交叉污染;蔬菜类要按一拣、二洗、三切、四浸泡的顺序操作。

(4)处理过的原料应及时加工烹调,烹调时要煮熟,以保证食用安全,防止中毒。

(5)加工好的熟食要妥善保管,若存放时间超过一小时,要重新回炉加热处理后才能食用。

2. 个人卫生管理

它主要包括以下几个方面:

(1)员工须持卫生防疫站颁布发的健康证方可上岗,并定期接受体检。

(2)员工要保持个人卫生,养成良好的卫生习惯,做到勤洗手、勤剪指甲、勤洗澡、勤换工作服,使自己保持良好的工作风貌。

(3)在工作范围内,员工不得随地吐痰、吸烟、留长指甲、涂指甲油等。

(4)保持良好的卫生操作习惯,上班时穿好工作服,戴好标志牌、工帽、口罩,不得有对食品咳嗽、打喷嚏及其他不卫生动作,不允许用勺直接尝味。

(5)员工有感冒等疾病时须休假,以免对食物造成感染。

3. 厨房卫生管理

它主要包括以下几个方面:

(1)厨房清洁设立岗位责任制,所有日常用厨具每天在工作后都必须进行严格消毒。清洗时要做到一洗、二刷、三冲、四消毒、五保洁,在消毒后要加盖保管,防止再污染,未经消毒的厨具不得使用。

(2)厨房所有厨具在用完后要摆放有序,砧板要竖放,以确保底、面、边三面光,并且切生、熟食品的砧板要分开使用。

(3)洗菜池、洗肉池、洗厨具池要分开,不得混合使用。

(4)炉灶、配料台、工作台在完工后要予以擦拭,确保干净、整洁。

(5)下水道要每日进行清洁,彻底清除菜渣等杂物,以保证排水畅通及清除异味。

(6)清除卫生死角,定期灭老鼠、蟑螂、苍蝇等。

（7）仓库物品要摆放整齐，保持室内空气流通，以防止物品发霉、变质。

4. 餐厅卫生管理

它主要包括以下几个方面：

（1）用餐后须擦拭桌椅，保持干净无灰尘、无油渍；地面无垃圾杂物，保证干净、清爽、不积水。

（2）要定期清洗与维护门窗、墙壁、风扇、灯管、通风排污设备，以确保运转正常。

（3）每周大清洁一次，用清洁剂清洗桌椅、地面，做到厨房无苍蝇、蟑螂、蚂蚁等。

5. 用具清洁管理

它主要包括以下几个方面：

（1）严格执行"一洗、二清、三消毒、四保洁"制度，凡没有进行清洗、消毒的用具一律不准使用。

（2）厨师配备专用毛巾、抹布，保证"一班一洗一消毒"，专物专用，下班时将毛巾、抹布清洗净，然后煮沸消毒，在太阳下干晒，保洁存放，下次再用。

（3）菜刀、砧板、案台保证天天清洗、消毒。

（4）食品容器用完后立即清洗，及时清除食品残留物，而盛放直接入口食品的容器必须消毒后再用。

 理论联系实际

现在很多国际上的采购商在采购前，都要到被采购企业的食堂进行检查。如果国际采购商认为该企业食堂的卫生状况不合格，被采购企业生产的产品就是再好也不会被采购。你认为国际采购商这样做的原因是什么？企业食堂卫生的好坏为什么能关系到企业订单的成功与否？实地考察当地的企业食堂，检查企业食堂卫生情况，谈谈如何加强食堂卫生管理。

记录：

....

....

....

....

....

....

（三）原材料管理

食堂的原材料管理既关系到食品供应的质量、数量，同时也会影响食堂的经营成本和饭菜的销售价格。因此，原材料管理要注意采购、验收、入库、保管、领用等环节。

1. 原材料的采购

食堂原材料的采购名目众多，采购频率高、季节性强、品质差异较大，采购原材料的质量和价格直接影响食品成本。为加强采购工作的计划性，对原材料的采购，要保证采购质量、控制采购数量和确保采购价格合理。

（1）保证采购质量。企业食堂必须把好原材料的质量关，保证采购的原材料没有变质情况。企业把握原材料质量需要制定各类原料的质量标准，并在采购中坚持执行。食品原材料的质量标准主要包括原料产地等级、性能、大小、个数、色泽、包装要求、肥瘦比例、切割情况、冷冻状况等。

（2）控制采购数量。要求企业食堂既能保证日常饮食供应的需要，又不造成库存积压。如果采购数量不足，无法满足食堂需要，会形成缺货，影响员工就餐；如果库存过多，则容易使原材料腐烂变质。因此，控制采购数量要根据食堂资金情况、仓库条件、现有库存量、原料特点、市场供应状况等因素，科学计算采购周期。一般来说，用量大、容易变质的食品原料需每天采购或隔天采购一次，如海鲜、果蔬等；不易变质的食品原料或干货可在仓库里存放一段时间，如粮食、油料、作料等。

（3）确保采购价格合理。食品原材料的采购者应在确保原材料质量符合采购标准规格的前提下，尽量争取最低的价格。由于食品原材料尤其是生鲜材料的价格随季节波动比较大，采购者要随时了解市场动态，在充分比较各供应商报价及其食品原材料的出品率的基础上，选择合适的供应商，确保优质低价。

2. 原材料的验收、入库和保管

它主要包括以下几个方面：

（1）验收。为保证原材料的数量、规格、质量符合采购要求，购进的原材料应该进行验收。验收时，必须对实物进行验质、点数、过秤，详细检查收到的原材料同进货发票记载是否符合。对质次价高、有腐烂变质的原材料，或未经卫生防疫部门检验证明宰杀的病畜病禽，厨房或库房都要拒绝接收。

（2）入库。原材料验收完毕要填写验收入库单，写明原材料的品名、规格、数量、单价、金额，并办好入账手续。对固定单位采购的原材料，账目要求由采购人、验收人签字。对集市购买或个体摊贩送货的原材料，入库手续更要严格，须经食堂领导批准后才可入库。

（3）保管。食堂原材料众多，一般要按照货物的自然属性分类保管：怕热的货物存放在低温阴凉的地方；怕冻的货物存放在有采暖的地方；容易变质的食品要低温冷藏；对相互串味的货物要隔离保管，不得混放。

3. 原材料的领用

为保证账物相符和正常核算饭菜成本，食堂必须严格执行领料手续。根据不同的领料性质和不同的方式特点，原材料的领用可分为库房领料、鲜活原材料领料、定额领料、提前领料等。

（四）价格管理

食堂的价格管理必须按质论价，对食品的成本要认真核算，不要漫天要价。食堂制定食品价格时，必须做到以下几点：

1. 价格合理、稳定

这是指食堂的饭菜价格，要力求稳定在一定水平上，要尽量做到不盈不亏或盈亏幅度小。

2. 质价相称

食堂应根据不同质量标准的饭菜品种，制定出不同的价格。一般来说，大众化饭菜价格从低，高级菜肴价格从高。

3．精打细算

食堂应充分利用原材料，做到综合利用、物尽其用。例如，在保证质量的前提下，不用或少用贵重辅料。

（五）质量管理

食堂质量管理主要包括食品质量、食堂配套服务质量和食堂工作人员的服务质量。

1．食品质量

食堂要对食品的质量标准做出规定，严格按照质量标准制作卫生、可口的食品。

2．食堂配套服务质量

食堂除提供食品外，还要搞好配套的服务设施，设置好餐桌、餐椅、碗柜、洗碗池等，方便员工就餐。

3．食堂工作人员的服务质量

食堂要对工作人员的服务态度、服务项目、服务质量提出严格的要求，制定具体奖惩措施，不断提高服务水平。

 理论联系实际

夏季温度高、湿度大，微生物易生长繁殖，公司员工食堂的食物易腐败变质。为保障饮食安全，公司员工食堂从采购、加工、储藏等环节都要加强管理，以防食物中毒。请你查找相关资料，探讨：公司员工食堂应如何预防食物中毒？其剩菜剩饭应如何处理？如果突发食物中毒，企业应如何及时处理？

记录：

第二节　企业员工宿舍管理

一、企业员工宿舍的类型和管理方法

（一）企业员工宿舍的类型

企业员工宿舍是企业广大员工起居和日常活动的场所。只有合理解决员工的宿舍问题,保证员工的充分休息,才能使企业员工心情舒畅、精力充沛、全身心地投入工作,为企业创造更多的价值。企业宿舍根据其使用目的的不同主要有以下两种类型:

1. 集体宿舍

一般是由企业出资兴建、统一管理、免费提供或者以较低的房租提供给单身员工使用。为提供更加全面、完善的管理和服务,企业也可以把集体宿舍办成公寓式住宅。集体宿舍不仅要保证员工的睡眠质量,还应为员工提供良好的生活、休息、娱乐、交际和学习的场所,使集体宿舍成为现代企业的一大特色,体现企业对员工的关心,增强企业员工的凝聚力。

2. 倒班宿舍

由于工作时间需要,员工在上班前和下班后不能回家休息,企业为员工提供免费休息的宿舍,即倒班宿舍。它一般不作为员工固定使用的宿舍,而是根据员工的实际需要免费提供临时休息和睡眠的场所,以保证员工工作时精力充沛。

(二)企业员工宿舍管理的方法

企业员工宿舍,由于住宿的人数多、流动性大、设施使用频繁,因此需要有专人管理。一般企业员工宿舍管理的方法如下:

1. 统一安排员工住宿

各宿舍要健全住宿登记制度,设置住宿员工一览表,住宿管理人员要准确掌握住宿员工的情况和房间安排情况,杜绝私自调换房间床位和留宿他人的情况。

2. 完善住宿设施

住宿设施可根据需要配备盥洗间、阅览室、医务室、小卖部、保卫室等;宿舍应提供床、蚊帐、被褥等床上用品,衣柜、书架、座椅等家具,同时宿舍房间有良好的采光、通风条件,并配备防暑、取暖设备。

3. 制定住宿管理办法

企业应制定宿舍管理办法,明确入住宿舍的条件、入住和退离应履行的手续,以及房间、床上用品、家具分配的标准和住宿守则等。

4. 成立宿舍管理委员会

宿舍管理部门、企业的有关领导和住宿员工代表可以组建宿舍管理委员会来加强同上级有关部门的沟通与交流,定期征询住宿员工和所在单位的意见,以便及时改进宿舍的管理工作。

二、企业员工宿舍管理的内容

管理好企业员工宿舍,让企业每一位员工无后顾之忧,是企业对员工的激励,也是企业对员工的福利。因此,加强员工宿舍管理不仅能够提高员工的生活环境质量,而且能够在员工间形成相互关爱、和睦相处的良好氛围。企业员工宿舍管理主要包括宿舍分配管理、宿舍服务管理、宿舍安全管理和宿舍设施管理。

(一)宿舍分配管理

为管理好企业员工宿舍,首先要做好宿舍分配工作。宿舍属于福利性质,宿舍的租金、水电等费用一般较低或由企业补贴，因此需要由员工提出申请，报主管部门批准方可入住。企业员工宿舍在分配时应该注意：

（1）宿舍主要是提供给单身职工、家在外地的员工、需要倒班工作以及工作时间不规律需要中途休息的员工。对于在企业所在地已有住宅的员工，企业不再分配宿舍。

（2）如果企业的宿舍紧张，宿舍管理人员要首先将宿舍分配给困难更大的员工。

（3）如果一间集体宿舍分配给多人居住，宿舍管理人员应考虑合住宿舍人员的人际关系。如果宿舍人员之间的关系不和睦，将会给宿舍管理带来很多问题。

（4）企业员工入住宿舍或退离宿舍还应办理好相关的登记手续。当新员工或者离职员工办理手续时，企业宿舍管理人员应同企业的人力资源部门互相协调。

（5）为避免影响他人生活，对于患有传染病、有不良嗜好、不遵守企业宿舍管理规定的员工不应分配宿舍。

（6）为增加员工住宿安全感，宿舍管理人员要特别注意住宿人员的变动情况，并杜绝员工私自留宿他人或转租宿舍。

（二）宿舍服务管理

员工宿舍管理不但要达到一般使用要求，还应积极增加一些附加性的服务，体现企业的温暖和对员工的关心。宿舍服务管理一般包括以下两个方面：

1. 便民服务

它主要包括：

（1）让住宿员工可以享受理发、洗澡、缝洗衣物、购买日用品、收发邮件等方面的服务。

（2）电视室、阅览室、健身房等每天按规定的时间开放。每周举行小型文娱活动，节日期间应该视情况举办一些大型文体活动。

（3）给倒班的员工提供报时叫班服务，为少数民族单身员工代购、代做节日传统食品、用品，代员工接待客人或传达客人留言，等等。

2. 医疗服务

由于一些企业的厂区、宿舍离医院较远，员工就医不方便，宿舍就可以建立医务室。医务室应配备一些常用药品，如外用药物，抗菌消炎药，防治伤风感冒、镇咳、祛痰药，治疗消化不良、急性肠胃炎的药，以及抗过敏药、止痛药等；医务室还应配备体温计、药棉等。同时，医务人员在对病人用药时，要遵守要求，不能滥用和误用药品。由于医疗工作涉及人身生命的安全，宿舍管理人员要严格规定医务人员的职责。

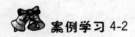 案例学习 4-2

格力投入亿元建员工宿舍

提到社会责任，很多企业想到捐款、建学校。但在珠海格力电器股份有限公司，排在前两位的社会责任是：第一，做好主业，产品首先得过硬，没有售后服务，就是最好的服务；第二，对利益相关方负责，利益相关方包括员工、员工家属、合作伙伴等。

公司董事长董明珠表示："我们不推崇靠金钱留人，格力要做的，是让员工在这个平台中有尊严感、有自豪感，那么他自然而然就会留下来。今年投亿元给员工建宿舍，这也是我们应尽的社会责任。"

格力提供给员工的房间里，配备西门子冰箱、创维电视，还有格力空调与热水器；从阳台看去，旁边的青山郁郁葱葱。如果在附近租类似的房子，每月光租金就是 2000 多元。格力工厂的 4 万多名员工，都可以享受这一福利：一线员工一人住一室，结婚可以住两室一厅。

其实，从 2005 年开始，格力已出资自建员工生活区。格力斥资 2 亿元建设的"康乐园"一期工程，3 栋 18 层的双电梯楼房，建筑面积 12 万平方米以上，可容纳员工 1 万多人。在生活区，除了 3 栋楼房是单身宿舍、夫妻过渡房外，还配有员工活动中心、足球场、篮球场、游泳池、网吧等，超市、医院、餐饮、银行、理发店等。因为温度适宜，时有幼小的孩子们在草地上嬉戏。眼下，"康乐园"的西面，斥资 4 亿元建设的二期工程正在筹建中，占地近 4 万平方米，建有 2016 套夫妻过渡房和 612 套大学生公寓。

（三）宿舍安全管理

1. 加强安全教育

宿舍管理人员应定期对宿舍人员、服务人员进行安全教育，制定安全责任制，来明确住宿管理人员、服务人员、设备操作者的安全责任和权利；同时应加强宿舍锅炉工和水电工的专业安全技术培训。宿舍人员还要坚持安全检查制度，定期检查机电设备和建筑设施的安全状况，发现隐患，及时处理。

2. 执行治安管理制度

企业宿舍管理人员要加强宿舍门卫管理，建立健全暂住人口、会客登记制度；还要严格遵守宿舍管理的各项制度，做好交接班记录；同时应积极与治安保卫部门配合，加强宿舍秩序管理，防止酗酒闹事、打架斗殴、赌博盗窃、嫖娼卖淫等现象的发生。

（四）宿舍设施管理

为确保企业员工宿舍的安全和正常使用，保证企业员工正常生活及各项工作的顺利开展，企业应加强对员工宿舍的设施管理。对于企业宿舍的各种设施，宿舍管理人员要提倡员工科学使用、精心维护、及时检修，确保设备状况良好。宿舍应建立宿舍公共用品设施，定期了解其使用情况；及时为员工配发床上用品、衣柜、书架等家具，做到账物相符。

 知识链接 4-1：工厂员工宿舍管理制度（范文）

第三节　企业员工心理健康管理

企业员工福利应涵盖丰富的物质条件和充实的精神状态两个方面的内容。但在现实中，很多企业只注重物质福利，而忽视了员工的心理健康管理。目前，国内外有关方面的专家对严重危害企业员工健康的现象做了大量的研究分析。结果表明：危害人类健康的十大杀手全部是与心理因素有关的疾病。而企业员工恰是这些疾病的高危人群。

据心理学研究发现：适度的压力能够给一个人带来良好的工作动力和乐观的生活目标，有助于提高工作效率和生活满意度；但高负荷的压力却往往会给人带来极大的负面影响，甚至影响工作效率和业绩。因此，只有关注员工的心理健康，对他们进行心理上的关爱，才能提高他们对企业的精神依附度，进而促进企业的发展。

工作压力、工作环境、人际关系、职位变迁及福利、薪水的差异，还有家庭的和谐程度都会直接影响员工的心理健康。员工的心理健康，主要表现为五大心理状态：职业压力感、职业倦怠感、职业方向感、组织归属感和人际亲和感。健康的心理状态，就是这五种状态的均衡。

 理论联系实际

以下这套测试题是著名的美国兰德公司拟制的一套心理测试题，根据中国人的心理特点适当改编而成。我国一些知名企业将它作为员工心理测试的辅助问卷，每一题选出最符合你意愿的一项，大家也来测测自己的心理状态吧！

1. 你更喜欢吃哪种水果？
   A. 草莓　　　　　　B. 苹果　　　　　　C. 西瓜　　　　　　D. 菠萝
   E. 橘子

2. 你平时休闲经常去的地方是？
   A. 郊外　　　　　　B. 电影院　　　　　C. 公园　　　　　　D. 商场
   E. 酒　　　　　　　F. 练歌房

3. 你认为容易吸引你的人是？
   A. 有才气的人　　　B. 依赖你的人　　　C. 优雅的人　　　　D. 善良的人
   E. 性情豪放的人

4. 如果你可以成为一种动物，你希望自己是哪种？
   A. 猫　　　　　　　B. 马　　　　　　　C. 大象　　　　　　D. 猴子
   E. 狗　　　　　　　F. 狮子

5. 天气很热，你更愿意选择什么方式解暑？
   A. 游泳　　　　　　B. 喝冷饮　　　　　C. 开空调

6. 如果必须与一种你讨厌的动物或昆虫在一起生活，你能容忍以下哪一种？
   A. 蛇　　　　　　　B. 猪　　　　　　　C. 老鼠　　　　　　D. 苍蝇

7. 你喜欢看哪种类型的电影或电视剧？
   A. 悬疑推理类　　　B. 童话神话类　　　C. 自然科学类　　　D. 伦理道德类
   E. 战争枪战类

8. 以下哪个是你身边必带的物品？
   A. 打火机　　　　　B. 口红　　　　　　C. 记事本　　　　　D. 纸巾
   E. 手机

9. 你出行时喜欢坐什么交通工具？
   A. 火车　　　　　　B. 自行车　　　　　C. 汽车　　　　　　D. 飞机
   E. 步行

10. 以下颜色你更喜欢哪种？
    A. 紫　　　　　　　B. 黑　　　　　　　C. 蓝　　　　　　　D. 白
    E. 黄　　　　　　　F. 红

11. 在下列运动中挑选一个你最喜欢的(不一定擅长)。
　　A. 瑜伽　　　　　B. 自行车　　　　C. 乒乓球　　　　D. 拳击
　　E. 足球　　　　　F. 蹦极

12. 如果你拥有一座别墅,你认为它应当建在哪里?
　　A. 湖边　　　　　B. 草原　　　　　C. 海边　　　　　D. 森林
　　E. 城中区

13. 你更喜欢以下哪种天气现象?
　　A. 雪　　　　　　B. 风　　　　　　C. 雨　　　　　　D. 雾
　　E. 雷电

14. 你希望自己的窗口在一座30层大楼的第几层?
　　A. 第7层　　　　B. 第1层　　　　C. 第23层　　　　D. 第18层
　　E. 第30层

15. 你认为自己更喜欢在以下哪一个城市中生活?
　　A. 丽江　　　　　B. 拉萨　　　　　C. 昆明　　　　　D. 西安
　　E. 杭州　　　　　F. 北京

以上各选项的分数中 A 为 2 分,B 为 3 分,C 为 5 分,D 为 10 分,E 为 15 分,F 为 20 分,请把你的选项分数相加,参照以下解读。

　✓　180 分以上:意志力强,头脑冷静,有较强的领导欲,事业心强,不达目的不罢休。外表和善,内心自傲,对有利于自己的人际关系比较看重,有时显得性格急躁、咄咄逼人、得理不饶人;不利于自己时顽强抗争,不轻易认输。思维理性,对爱情和婚姻的看法很现实。对金钱的欲望一般。

　✓　140 分至 179 分:聪明,性格活泼,人缘好,善于交朋友,心机较深。事业心强,渴望成功。思维较理性,崇尚爱情,但当爱情与婚姻发生冲突时会选择有利于自己的婚姻。金钱欲望强烈。

　✓　100 分至 139 分:爱幻想,思维感性,以是否与自己投缘为标准来选择朋友。性格显得较孤傲,有时较急躁,有时优柔寡断。事业心较强,喜欢有创造性的工作,不喜欢按常规办事。性格倔强,言语犀利,不善于妥协。崇尚浪漫的爱情,但想法往往不合实际。金钱欲望一般。

　✓　70 分至 99 分:好奇心强,喜欢冒险,人缘较好。事业心一般,对待工作随遇而安,善于妥协。善于发现有趣的事情,但耐心较差;敢于冒险,但有时较胆小。渴望浪漫的爱情,但对婚姻的要求比较现实。不善理财。

　✓　40 分至 69 分:性情温良,重友谊,性格踏实、稳重,但有时也比较狡黠。事业心一般,对本职工作能认真对待,但对自己专业以外的事物没有太大兴趣。喜欢有规律的工作和生活,不喜欢冒险。家庭观念强。比较善于理财。

　✓　40 分以下:散漫,爱玩,富于幻想。聪明机灵,待人热情。爱交朋友,但对朋友没有严格的选择标准。事业心较差,更善于享受生活。意志力和耐心都较差,我行我素。有较强的异性缘,但对爱情不够坚持、认真,容易妥协。没有财产观念。

(资料来源:人力资源研究,http://www.sohu.com/a/145488467_228365,20170602)

✏ 记录：

_____

_____

_____

_____

_____

_____

一、企业员工心理问题产生的原因

企业行政管理人员要让企业员工保持心理健康，就要根据企业员工的表现，找出引起其心理问题的根源。经过总结发现，作为企业员工，其产生心理健康问题主要有以下几个原因：

1. 职业压力

企业员工在职业生涯中感受到个体紧张、因遭遇到威胁性的刺激事件以后产生持续性紧张的情绪、状态。现代企业为取得和保持竞争优势，对员工的要求越来越高，员工常常面临着巨大的工作负荷、同事间的激烈竞争和紧张的工作气氛。另外，移动通信、个人计算机、互联网的出现使员工的工作方式发生着巨变，手机、笔记本电脑、电子邮件、无线上网等现代IT技术和设备使企业员工的心理承受着全天候工作的压力。

2. 人际关系焦虑

有些企业员工往往由于无法处理好与客户、上下级和同事的人际关系，或者由于遭到性骚扰、打击报复等，或者不善于在工作和生活中建立起良好的人际关系网而产生心理焦虑。这种焦虑主要表现为：恐惧、无助，对人冷漠麻木、冷嘲热讽、缺乏同情心，不信任他人、动辄责备迁怒、反应过度，与他人刻意保持距离，等等。

3. 职业倦怠

职业倦怠表现为职工对工作有厌倦情绪，不愿意工作，"自我减轻"工作压力，弱化工作责任，工作绩效明显降低。在职业倦怠中最突出的问题是职工的成就感低落，缺乏工作动力，只是应付工作，"当一天和尚撞一天钟"。当参加工作的"新鲜感"过去之后，工作进入常态化，职工往往感到"驾轻就熟"，时间一长就容易产生职业倦怠心理。这是影响职工心理健康的一个重要方面，也是导致企业工作效率低下的一个重要原因。

由于出差太多、工作枯燥例行化、工作量过大、工作责任不明确、工作缺乏自主性、不能参与决策、分配机制不合理、升迁机会少、企业领导管理方法偏颇等因素，企业员工最容易出现工作倦怠。工作倦怠主要表现为心理疲劳、情绪冷漠、玩世不恭、丧失成就感和工作动力。

4. 突发事件的心理冲击

在激烈的市场竞争环境下，企业难免出现裁员、丑闻、兼并、重组、濒临破产等突发事件，这会给企业员工带来心理冲击。另外，在一些重要的社会变故、自然灾害、安全事故中企业员工也难免受到心理影响，如交通意外事件、疾病流行以及地震、台风等自然灾害都曾经使许多企业员工情绪陷入低潮、恐慌、迷茫。

5. 个人生活的心理危机

个人生活中的一些困难,如身体健康欠佳、恋爱失败、法律纠纷、家庭暴力、夫妻分居或离婚、家属生病或伤亡、经济负担过重、家庭财务窘迫、对失业和收入下降的恐惧、对多样化选择的不知所措、来自家庭的过高期望等,都会影响企业员工的心理。已婚一线职工,特别是外部市场职工,与家庭成员聚少离多,缺乏和妻子、孩子的有效沟通,很容易引起夫妻关系疏离冷淡、亲子关系淡漠,从而导致家庭矛盾,产生焦虑、烦躁等情绪。由于缺少时间照顾孩子和赡养老人,可能会产生负疚感。未婚员工则更加关注婚恋问题,但是常常由于工作场所限制,人际交往机会少,焦虑的主要是找对象难。还有一个重要问题是,目前物价上涨过快、购房难、子女上学难等,让很多职工感到家庭生活经济压力增大。

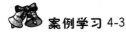 **案例学习 4-3**

互联网企业员工加班成"家常便饭"

目前,互联网公司员工的工作体验正变得越来越糟糕。大量科技公司员工的超负荷工作的现象普遍存在。

互联网资深分析人士提出,加班程度在每个互联网公司甚至每个部门的情况都有所不同。从时间长度来看,加班几乎和国内互联网企业的诞生一脉相承。大量员工不断投入时间和精力,本质上是企业缺乏赢下市场的信心,产品彼此同质化,需要员工付出大量的时间和精力,利用其他方式从对手手中抢占市场份额。

互联网企业不断创新业务,员工面临着更大的工作压力。在早期的明星企业当中,加班已经是常态。只不过那时候互联网从业者人数少。眼下,互联网领域的竞争不断提升,加班也就成了"家常便饭"。创业公司可能不得不加班,否则难以生存。但有些大公司也有很浓的加班文化,比如腾讯微信。

二、企业员工心理健康的管理方法

(一)企业员工心理培训

企业员工心理培训是将心理学的理论、理念、方法和技术应用到企业培训活动中,设置系列课程对员工进行心理卫生的自律训练、性格分析和心理检查等,以更好地解决员工的心态、心智模式、情商、意志、潜能及心理素质等一系列心理问题,使员工心态得到调适、心智模式得到改善、意志品质得到提升、潜能得到开发。

实践证明,良好的心理教育、疏导和训练,能够增强员工的意志力、自信心、抗挫折能力和自控能力,还能提高员工的创新意识、贡献意识、集体意识和团队精神。许多知名企业已经开始定期邀请心理培训机构的专业人士为员工做"压力管理"等心理培训。企业员工心理培训,已成为企业员工心理健康管理的重要工具。

 知识链接 4-2：自我心情调节的常用方法

(二)企业员工帮助计划

企业员工帮助计划,即 EAP(Employee Assistance Program),是企业组织为员工提供的系统、长期的援助与福利项目；通过专业人员对组织以及员工进行诊断和建议，提供专业指导、培训和咨询，帮助员工及其家庭成员解决心理和行为问题，提高绩效及改善组织气氛和管理。

在世界 500 强企业中，有 90% 以上建立了企业员工帮助计划。在美国，有将近四分之一企业的员工享受企业员工帮助计划服务。经过几十年的发展，企业员工帮助计划的服务模式和内容包括工作压力、心理健康、灾难事件、职业生涯困扰、婚姻家庭问题、健康生活方式、法律纠纷、理财问题、减肥和饮食紊乱等，全方位帮助员工解决个人问题。

1. 企业员工帮助计划的服务内容

（1）对员工职业心理健康问题评估。由专业人员采用专业的心理健康评估方法评估员工心理生活质量现状及问题产生的原因。

（2）搞好职业心理健康宣传。企业利用海报、自助卡、健康知识讲座等多种形式引导员工正确认识心理健康，鼓励他们在遇到心理困扰问题时要积极寻求帮助。

（3）设计与改善工作环境。它包括以下几点：

① 改善工作硬环境，即物理环境。

② 通过组织结构变革、领导力培训、团队建设、工作轮换、员工生涯规划等手段改善工作的软环境，在企业内部建立支持性的工作环境，丰富员工的工作内容，指明员工的发展方向，消除问题的诱因。

（4）开展员工和管理者培训。通过压力管理、挫折应对、保持积极情绪等一系列培训，帮助员工掌握提高心理素质的基本方法，增强其对心理问题的抵抗力。管理者掌握员工心理管理的知识，能在员工出现心理困扰问题时，很快找到适当的解决方法。

（5）组织多种形式的员工心理咨询。企业为受心理问题困扰的员工提供咨询热线、网上咨询、团体辅导、个人面询等丰富的形式，充分解决员工心理困扰问题。

2. 企业员工帮助计划的具体做法

（1）初级预防：消除诱发问题的来源。其目的是减少或消除任何导致职业心理健康问题的因素，并且更重要的是设法建立一个积极的、支持性的和健康的工作环境。

（2）二级预防：教育和培训。旨在帮助员工了解职业心理健康知识和进行心理课程教育；向企业内从事员工心理保健的专业人员提供培训课程，来提高员工对心理健康的意识和处理员工个人心理问题的能力。

（3）三级预防：员工心理咨询与辅导。这是指由专业心理咨询人员向员工提供个别、隐私的心理辅导服务，以解决他们的各种心理和行为问题，使他们能够保持较好的心理状态去生活和工作。

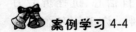 案例学习 4-4

胜利油田女工 EAP 项目成就明星

胜利油田现有在职女工 7.9 万人，占在岗职工队伍总数的 38.7%，是油田生产建设的重要力量。同时，油田目前有 18 万个家庭。近几年，局工会女工委通过"女职工队伍素质情况专题调研"等工作发现女职工队伍中存在几个突出问题：① 女工队伍年龄结构趋向老化，职业倦怠感突出。② 单亲家庭、外闯市场家庭数量呈上升趋势，女工工作生活压力突出。③ 高学历女性人才数量偏少，优秀女性成长动力不足。这些问题困扰着女工的工作和生活，也影响到油田女职工队伍整体素质水平的提升及女工队伍整体作用的发挥。

针对这些问题,胜利油田公司经过准确的定位与规划,积极开展了企业自己的 EAP 工作。

胜利油田女工 EAP 项目以"探寻改善心智的有效工具,传播提升幸福的核心理念"为工作宗旨,实施两年多来,已经取得明显的成效:一是探索出创新思想政治工作,将积极心理学进行本土化岗位应用的新路径。二是探索出本土化培养教练式管理者的新模式,培养出一支女工干部先锋队。使她们激发出更大的生活热情与工作干劲。

 课堂讨论

(一)资料

引发大众思考的富士康第十一跳

2010 年 5 月 25 日凌晨,富士康科技集团观澜园区华南培训中心一名员工坠楼死亡。这是富士康最新一起员工坠楼事件,是继第十跳之后的又一次引发社会连续关注的跳楼事件。深圳市公安局后来确认了上述坠亡案件,但尚未确认是自杀还是意外事件。死者是一名 19 岁的男子,该男子于 5 月 25 日早 6:30 从富士康观澜园区的一幢楼房上跳下。他是一名 19 岁的职业学校毕业生,来自中国中部地区,在富士康工作一个半月。警方在其宿舍找到该男子留下的一封遗书。他在信中向其父亲道歉,称其自杀是因为心理压力大,感到现实与其对前途的期望差距较大以及家庭因素等原因,失去生活信心。

(二)讨论

1. 有人称富士康既有与员工签订劳动合同、准时支付工资报酬、购买保险等正规的一面,又存在工资偏低、超时加班、管理方法粗暴、保安队员存在非法打骂和限制人身自由、员工缺乏归属感等问题。请查找相关资料,谈一谈:你认为富士康频发跳楼事件的原因是什么?你认为富士康是不是只要钱不要命的"血汗工厂"?为什么?

2. 有人说富士康发生的员工连续坠楼事件,是快速工业化、城市化、现代化转型期出现的特殊问题,有些深层次的原因,涉及员工个体、企业和社会多个方面的因素,情况比较复杂。请你选择以上因素中的一个,来重点分析一下富士康发生的员工连续坠楼事件的深层次原因。

3. 有人说富士康员工大多数是"80 后"和"90 后",他们时代观念不够明确,涉世不深,经历磨炼不够,心理比较脆弱,对一些情感纠纷、环境变化、工作生活压力调节能力不够。你赞同上述说法吗?请从企业行政管理人员的角度,谈一谈:富士康应该如何努力调整解决员工的心理障碍,疏导员工形成健康向上的心态,防止再次发生坠楼事件?

要点:

提示：从企业来看,富士康集团相同年龄段的员工聚集在一起,加上企业管理文化建设等方面的问题容易使一些问题和情绪产生叠加效果。从社会层面看,这些员工远离家乡,缺少亲人、朋友的关心,社会服务、关爱、支持、援助也不够,容易产生一些意想不到的后果。

第四节 企业员工社会保险管理

根据《中华人民共和国劳动法》和《中华人民共和国劳动合同法》的规定,企业同个人签订劳动合同、确立劳动关系之后,企业就必须为员工购买社会保险。企业员工参加社会保险,有利于维护员工队伍稳定,树立企业守法生产经营的形象和调动员工的工作积极性。从根本上说,企业帮助员工办理社会保险有利于企业的长期发展,有利于企业和员工之间的劳动关系更加和谐、稳定,也有利于社会的和谐、稳定。

一、社会保险的概念及属性

（一）社会保险的概念

社会保险是国家通过立法的形式,由社会集中建立基金,以使劳动者在年老、患病、工伤、失业、生育等达到法定退休年龄,或暂时失去工作岗位及暂时丧失劳动能力的情况下能够获得国家和社会补偿和帮助的一种社会保障制度。

（二）社会保险的属性

社会保险具有法定性、保障性、互济性、福利性、普遍性等属性。

（1）法定性：是指劳动者参加社会保险是由国家立法,要强制实施。保险待遇的享受者及其所在单位,双方都必须按照规定参加并缴纳社会保险基金,不能自愿。法定性是实现社会保险的组织保证。

（2）保障性：是指实施社会保险的根本目的,就是保障劳动者在其失去劳动能力之后的基本生活,从而维护社会的稳定。

（3）互济性：是指社会保险要按照社会共担风险的原则进行组织。社会保险费用由社会统筹,建立社会保险基金。社会保险机构要用互助互济的办法统一调剂基金,支付保险金和提供服务,实行收入再分配,使参加社会保险的劳动者生活得到保障。

（4）福利性：是指社会保险不追求赢利,以最少的花费,解决最大的社会保障问题,属于社会福利事业。

（5）普遍性：是指社会保险实施范围广,一般在所有职工及其供养的直系亲属中实行。

 理论联系实际

如果有一个企业在录用你时,提出增加你目前的工资,但让你不参加社会保险的要求,你会同意吗？为什么？

✏ 记录:

....

....

....

....

....

....

....

....

二、社会保险的内容

(一)养老保险

养老保险是指国家根据一定的法律和法规,为解决企业员工在达到国家规定的解除劳动义务的劳动年龄界限,或因年老丧失劳动能力退出劳动岗位后的基本生活而建立的一种社会保险制度。它是社会保险制度的重要内容。在当今世界上,离开养老问题来谈论社会保险,几乎是不可思议的。现代社会中人口老龄化和家庭小型化不可逆转的趋势,使传统的家庭保障在满足老年人的基本生活需求方面处于捉襟见肘的窘境,因此,社会不得不担负起照料这部分曾经对社会经济发展做出过贡献,而现在因为生理或社会的原因无法再以劳动为主要谋生手段的老年人的责任。

(二)医疗保险

医疗保险是指向法定范围内的企业员工部分或全部提供预防和治疗疾病的费用,并保证其在病假期间的经济来源,保障其基本生活需求的社会保险项目。它是当今世界各国普遍推行的社会保险项目。在现代社会中,疾病是企业员工时常可能遭遇的而且对他们威胁较大的风险之一,它不仅使企业员工在患病期间收入中断、减少或丧失,而且在医疗方面又必须支出费用,这就使企业员工一旦患病便在经济上处于内外交困的窘境。因此,即使从维护企业员工再生产的角度出发,社会和企业也必须承担起对员工提供对付疾病风险的保障责任。

(三)工伤保险

工伤保险是指国家和社会为在生产、工作中遭受事故伤害和患职业性疾病的劳动者及亲属提供医疗救治、生活保障、经济补偿、医疗和职业康复等物质帮助的一种社会保障制度。它是整个社会保障体制中一项最基本的内容。在工业社会中,由于这种伤病与企业责任相关,而与企业员工本人责任无关,因此,企业在经济上分担的份额更大,受到损害的企业员工将可以享受到由工伤保险来支付的经济补偿。

知识链接 4-3：第三章　工伤认定

（四）失业保险

失业保险是指国家通过立法强制实行的，由社会集中建立基金，对因失业而暂时中断生活来源的企业员工提供物质帮助和促进其再就业的制度。在商品经济社会中，有竞争就有优胜劣汰，因此，靠工资薪水度日的劳动者有失业之忧，一旦成为竞争中的失败者，这部分人就有生计断绝的风险。保障这部分最有可能成为社会不安定因素的人的基本生活需求，就成了社会为消除动乱之隐患而普遍关注的重要问题。

（五）生育保险

生育保险是指国家针对女性生育行为、生育特点，通过国家强制手段征集生育基金，为怀孕和分娩的女员工及时提供经济帮助，保障参保母子的基本生活和健康，确保社会人口再生产顺利进行的一项社会保障制度。生育问题是有关人类繁衍生存和劳动力再生产的大事，所以受到普遍的关注。

理论联系实际

1. 下面是一条招聘信息："××保险公司招聘银行保险客户经理，一经录用，享受国家劳动合同'五险一金'待遇。"在招聘信息中的"五险一金"是什么意思？

2. 考察你所在地区企业"五险一金"的缴费情况，了解企业和员工缴费的比例是多少。

3. 什么时候以及以什么方式才可以支取自己的养老保险金、失业保险金和医疗保险金呢？

记录：

....
....
....
....
....
....
....
....

提示："五险"指的是五种保险，包括养老保险、医疗保险、失业保险、工伤保险和生育保险；"一金"指的是住房公积金。其中养老保险、医疗保险和失业保险，这三种险是由企业和个人共同缴纳保费，工伤保险和生育保险完全是由企业承担保费，个人不需要缴纳。这里要注意的是"五险"是法定的，而"一金"不是法定的。

三、企业员工社会保险管理的流程

企业员工的社会保险涉及员工、企业的切身利益，关系重大，工作烦琐，必须及时办理。企业一般应安排专人负责员工社会保险的管理。

（一）社会保险登记证办理

企业为员工办理社会保险应当自领取营业执照或成立之日起 30 日内，向所属社保经办、代办机构申请社会保险登记。企业有异地分支机构的，分支机构一般应当作为独立的缴费单位，向其所在地的社会保险机构单独申请办理社会保险登记。

参保企业申请办理社会保险登记时，应当填写《社会保险单位信息登记表》，并出示营业执照、批准成立证件或其他核准执业证件等证件资料。社会保险经办、代办机构收到企业资料后即受理，审核完毕，按照规定予以登记，发给社会保险登记证。参保企业的社会保险登记事项发生变更时，还应当依法向原社会保险登记机构申请办理变更社会保险登记。

（二）社会保险缴费基数采集

社会保险经办、代办机构每年第一季度向企业下发缴费基数采集通知及社会保险缴费基数采集表或缴费基数采集软件。企业依据基数采集的要求如实将企业员工的上年月平均工资填入采集表或录入采集软件并打印采集表，由企业员工签字确认。社会保险经办、代办机构按有关规定生成当年企业员工的缴费基数，并完成缴费基数的核对工作。

（三）企业员工增减变动

社会保险经办、代办机构每月固定时间办理企业员工增加或减少的变动手续。企业新增或减少企业员工时，应填写社会保险参保人员增减表，并附社会保险个人信息、社会保险关系转移证明等相关材料，由社保经办、代办机构负责办理企业员工的增加或减少手续。

（四）基金补缴

企业未按时办理社会保险，需要补缴时，应填写补缴相关表格，并附补缴情况说明，其中需要劳动保障行政部门审批的养老保险补缴还需携带相关审批材料。经社会保险经办、代办机构业务人员复核后缴费即完成补缴手续。

 课堂讨论

（一）资料

我国《社会保险法》出台

关系广大民众切身利益的由最高国家立法机关首次制定的社保制度——《中华人民共和国社会保险法》，从 2011 年 7 月 1 日起施行。法律明确规定：个人跨统筹地区就业的，其基本养老保险关系随本人转移，缴费年限累计计算；个人跨统筹地区就业的，其基本医疗保险关系随本人转移，缴费年限累计计算。

《社会保险法》就提高社会保险统筹层次做出明确规定：基本养老保险基金逐步实行全国统筹，其他社会保险基金逐步实行省级统筹，具体时间、步骤由国务院规定。法律强化了用人单位缴纳职工社会保险费的义务,并规定了对用人单位不缴纳可以采取的强制措施。法律规定,用人单位应当按照国家规定的本单位职工工资总额的比例缴纳基本养老保险费,记入基本养老保险统筹基金。职工应当参加工伤保险,由用人单位缴纳工伤保险费,职工不缴纳工伤保险费;用人单位应当自行申报、按时足额缴纳社会保险费,非因不可抗力等法定事由不得缓缴、减免。针对工伤保险欠费,法律专门规定:职工所在用人单位未依法缴纳工伤保险费,发生工伤事故的,由用人单位支付工伤保险待遇。用人单位不支付的,从工伤保险基金中先行支付。先行支付的工伤保险待遇应当由用人单位偿还,不偿还的可依法追偿。

（二）讨论

请分别从企业和员工的角度,谈谈《社会保险法》对企业和员工有什么好处。

要点：

_____

_____

_____

_____

_____

_____

_____

_____

_____

稳扎稳打

一、单项选择题

1. 以下哪一种不是提供员工宿舍的主要原因？（　　）。
   A. 单身职工　　　　　　　　　　B. 家在外地的员工
   C. 需要倒班工作　　　　　　　　D. 孩子要读书

2. 企业食堂外包的主要原因是（　　）。
   A. 更便宜　　　　B. 更好管理　　　　C. 更专业

3. 企业员工帮助计划的具体做法有几级预防措施？（　　）。
   A. 2级　　　　　B. 3级　　　　　C. 4级　　　　　D. 5级

4. "当一天和尚,撞一天钟"说明员工出现了哪种心理状况？（　　）。
   A. 职业倦怠　　　B. 职业压力　　　C. 人际关系焦虑

5. 自我心理调节中最管用、最有效的办法是（　　）。
   A. 找人倾诉　　　B. 运动调节　　　C. 美食调节　　　D. 转移兴趣

6. 从健康角度考虑,工作餐需要多增加( )。
   A. 牛肉　　　　　B. 猪肉　　　　　C. 鸡蛋　　　　　D. 蔬菜

7. 员工宿舍一般不宜提供( )。
   A. 麻将　　　　　B. 网络　　　　　C. 图书　　　　　D. 乒乓球

8. 男女职工领取养老金的正常年龄是,男( )周岁,女( )周岁。
   A. 60,55　　　　B. 65,55　　　　C. 60,50　　　　D. 60,60

9. 企业保险的五险一金中,属于自愿缴纳的是( )。
   A. 住房公积金　　B. 养老保险　　　C. 工伤保险　　　D. 生育保险

10. 企业为员工办理社会保险应当自领取营业执照或成立之日起( )日内。
   A. 10　　　　　　B. 15　　　　　　C. 30　　　　　　D. 60

二、判断题

1. 企业社会保险是由企业自愿缴纳的。　　　　　　　　　　　　　　　( )

2. 企业员工出现工伤事故,医疗费用必须由企业承担。　　　　　　　　( )

3. 企业员工食堂是非营利性的。　　　　　　　　　　　　　　　　　　( )

4. 土豆发芽后容易导致食物中毒。　　　　　　　　　　　　　　　　　( )

5. 员工宿舍在员工辞职后应该收回。　　　　　　　　　　　　　　　　( )

6. 当员工出现消极心理状态时能自我解决。　　　　　　　　　　　　　( )

7. 生育保险只有女职工需要缴纳。　　　　　　　　　　　　　　　　　( )

8. 企业食堂外包之后企业就无须再管理了。　　　　　　　　　　　　　( )

9. 个人卫生也是企业食堂卫生管理的内容。　　　　　　　　　　　　　( )

10. 员工宿舍分配之后可以自己调换。　　　　　　　　　　　　　　　 ( )

三、简答题

1. 企业员工福利管理是指什么,主要包括哪些方面?

2. 企业员工食堂同社会餐饮店的不同点主要是什么?

3. 企业员工帮助计划的主要内容有哪三个方面?

习题参考答案(四)

 项目训练

项目一:

【项目任务】

参观走访一家企业员工食堂,了解其在经营管理上的状况,通过收集员工对食堂的满意度信息,寻找食堂管理中的难点问题,完成一份食堂满意度调查报告和一份食堂管理建议书。

【项目目的】

了解企业员工食堂的状况,掌握企业员工食堂管理的重点。

【项目实施步骤】

1. 学生自行联系，选择一家企业员工食堂作为参观走访对象。

2. 收集该企业员工食堂的菜谱、饭菜价格、原材料价格、人工成本、经营费用等基本信息，观察该企业员工食堂的餐厅环境卫生、厨房卫生、员工个人卫生状态。

3. 调查企业员工对食堂的满意度，找出食堂管理上存在的问题。

4. 学生走访调查之后交流，对不同的企业食堂管理情况进行比较，写出食堂满意度调查报告和食堂管理建议书。

5. 教师对学生完成的项目任务进行评价。

项目二：

【项目任务】

走访附近企业的员工宿舍，通过同企业员工的交流，完成一份企业宿舍访谈记录和一份企业员工福利情况总结报告。

【项目目的】

体验企业员工的宿舍生活，了解当地企业员工的福利情况。

【项目实施步骤】

1. 深入到企业员工宿舍，了解企业为员工宿舍提供哪些生活设施、生活服务。

2. 同企业员工进行访谈，重点了解员工享受的企业福利（例如，是否办理社会保险、开展心理健康咨询等），完成一份企业宿舍访谈记录。

3. 学生走访后，在课堂上进行总结交流，归纳企业员工主要的生活问题、心理问题以及社会保障问题，并评价企业的福利管理工作，最后完成一份企业员工福利情况总结报告。

4. 教师对学生完成的项目任务进行评价。

第五章 | 企业资产管理

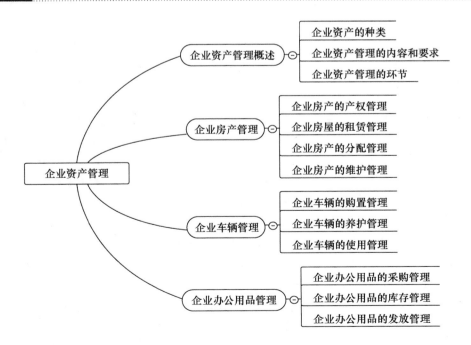

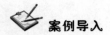 案例导入

分"级"别"类"考核企业资产管理

实物资产的管理是企业控制成本费用的重要环节。从效益原则出发，对实物资产耗费的考核也应与成本费用考核挂钩，从而对员工、本部门乃至本企业的成本效益产生影响。

1. 按资产使用性质分类管理。根据企业实物资产的使用性质不同，在管理和生产各环节中的作用不同，管理与考核的方法也不同。企业实物资产一般可分为以下几类（不同企业可能分类不同），根据重要性原则分别制定考核办法：

（1）低值易耗品。低值易耗品的使用可以按照员工领用的频繁程度和实际价值来考核，或采取定期领用制度，对员工领用的低值易耗品进行内部财务核算，并与成本效益综合评价。

（2）生产用固定资产。生产用固定资产主要是一些生产性机器设备或工具，其考核可以采用季度（年度）修理费、台班生产率、发生的事故等指标进行综合评价。可以先核定设备的修理费定额和正常的台班生产率，与实际发生的修理费和实际的台班生产率相比进行评价，将其与生产部门和具体的设备使用管理人员的奖金挂钩。交通运输类固定资产主要是交通运输车辆，其考核可以采用运行里程、维修费用、发生事故等指标，与相应的司机和使用人员奖金挂钩。

（3）事务性固定资产。事务性固定资产主要是办公机具设备（计时机、复印机、打字机、计算机、电话机、对讲机、扩音机、油印机、空调等）以及家具和通信设备等。其考核主要采用维修或购置费用等指标，与相应的使用个人或部门奖金挂钩。对于企业的土地、房屋和建筑物的维护使用，也可以与本企业的奖金挂钩。

2. 按资产使用级别分级管理。将资产的使用分为个人、部门内部和整个企业使用三个级别，不同使用级别采用的资产管理方式不同。对于部门或整个企业共同使用的实物资产，应明确指定相应的资产管理人员，资产管理人员应明细记录该项资产的使用状况。对于实物资产的损耗，应明确损耗的原因。如因个人使用不当或不按规定使用等原因引起的电脑损坏、车辆设备损坏、实物资产遗失或设备操作不当等，可以追究个人的责任，可按不同情况采取相应的措施。建立实物资产的内部财务核算体系，包括个人、各部门、各企业月度（季度）的实物资产消耗成本费用等，使个人、部门和企业的实物资产消耗与成本效益挂钩。

3. 按资产考核"分工合作"管理。资产管理的考核和评价工作主要涉及资产管理部、财务部、人事部和资产使用部门。企业应组织专门的实物资产考核人员来保证考核工作的实施，考核评价工作应定期实行。为配合考核工作顺利开展，财务部应做好实物资产成本费用核算，资产管理部门应做好日常的资产使用维护状况登记，包括实物资产领用登记、个人实物资产登记卡、实物资产请修单等。

4. 按资产使用和维护提升管理。实物资产的使用和维护需要企业每一位员工齐心协力才能做好。实物资产管理制度的建立应从培养员工良好的资产使用和管理习惯这一思想出发，加强员工对企业实物资产的节约使用、爱护企业资产的意识。建议开展一些爱护企业财产的宣传活动或制订一些奖励条例，如：对实物资产的使用和维护提出一些好的建议者，适当地予以表扬或物质奖励；提高实物资产使用效率者或节约资产使用者，可适当地予以表扬或物质奖励。

（资料来源：世界经理人，http://www.ceconline.com）

思考：

（1）企业的资产管理主要应该包括哪些内容？

（2）谈谈作为普通员工，如何加强企业资产管理？

笔记：

....

....

....

....

....

....

....

....

....

第一节　企业资产管理概述

企业资产即企业的财产和物资，是维持企业正常生产和生活的物质基础，是保证企业各项生产经营活动及行政事务活动的必要条件。企业资产管理是指对企业的财产物资进行采购、保管、分配等管理工作的总称。为维护企业资产的安全，更好地发挥其效用，企业应加强企业资产管理。

一、企业资产的种类

企业资产按照性质，主要分为固定资产、材料和低值易耗品三大类。

（一）固定资产

固定资产是指单位价格较大、耐用时间较长、在使用中能保持其原有实物形态的物质资料。按现行财务制度规定，购入或调入的一般设备，其单位价值在 500 元以上，使用年限在一年以上的，都属于固定资产；但单价不足 500 元，使用年限在一年以上的大批量类物资设备也应列入固定资产。企业的固定资产，一般分为五类：

（1）房屋和建筑物，包括办公用房、业务用房和宿舍，以及其水电、取暖、卫生等附属设施。

（2）专用设备，包括机械设备、打字机、复印机、电子计算机控制系统、仪器、仪表等。

（3）一般设备，包括车辆、家具、会议室设备等。

（4）文物和陈列品，图书、资料等。

（5）其他一些固定资产。还可以由主管部门根据情况认定和划分。

（二）材料

材料是指使用以后就消耗掉而不能复原的物质资料，如燃料、水泥、试剂和设备修理用的元件、配件等。它和固定资产的区别在于，这类物资的使用时间较短，且在使用中大多数改变其原有的形态，更主要的是大都使用一次就丧失其原有价值，或把其价值转移到新的物质实体中去。

（三）低值易耗品

低值易耗品包括低值品和易耗品。低值品是指单位价值在规定的起点以下，耐用时间在一年以上的物质资料；易耗品是指单位价值在规定的起点以上，耐用时间在一年以下的物质资料。一般来说，凡是不够固定资产标准的工具、设备，如低值仪表、仪器、办公文具、量具、器皿以及低值劳保用品，都属低值易耗品。

 理论联系实际

实地考察自己所在的学校或企业，请在下面的记录中举例说明：企业或学校有哪些资产属于固定资产？哪些属于材料和低值易耗品？

记录：

1. 固定资产：
_____
_____
_____

2. 材料：
_____
_____
_____

3. 低值易耗品：
_____
_____
_____

二、企业资产管理的内容和要求

（一）企业资产管理的内容

在众多的企业资产中，由企业行政人员重点负责的企业资产管理的内容包括以下三个方面：

1. 企业房产管理

企业的房产是指企业自有或者租赁的办公用房、生产用房、员工宿舍、附属建筑及其水电等有关配套设施。房产管理是要充分发挥房产的使用价值、延长房产的使用寿命,其管理内容包括房产的产权管理、租赁管理、分配管理和维护管理等。

2. 企业车辆管理

企业车辆是指企业为生产运营或工作服务购买的车辆。根据企业车辆的不同用途,企业车辆主要分为生产用车和行政用车。企业车辆管理是通过对车辆购置、养护、使用等环节的管理,延长车辆的使用寿命,保障企业交通运输服务的需要。

3. 企业办公用品管理

办公用品通常是指企业行政办公人员使用的各种物件,主要有三大类:

(1)办公家具,包括办公桌、座椅、沙发、档案柜、灯具等。

(2)办公设备,包括电脑、打印机、传真机、复印机、照相机、电话等。

(3)办公耗费用品,包括纸张、笔墨、打印耗材、订书钉、劳保品等。

办公用品管理包括对办公用品的采购、库存、发放使用等工作,要求既满足办公使用需要,又不造成积压、浪费。

(二)企业资产管理的要求

企业资产管理既影响生产经营,又事关企业财务,必须要严格管理。企业资产管理应做到:

1. 要保证工作需要

企业资产管理,要以保证工作需要为出发点和归宿。在资产的购置时,一定要根据实际工作需要和现实的财政状况,尽可能选用先进、实用、经济的技术装备,不断充实和改善企业办公的物质条件。

2. 要加强领导监督

企业资产管理工作必须建立管理机构,配备专职人员,加强领导工作,完善规章制度,以保证资产管理工作落到实处。财务会计部门、资产管理部门和使用部门要明确分工,各司其职,各负其责。要按照权责统一和奖优罚劣的原则,建立健全各项资产管理制度和奖惩制度。对资产管理、使用部门要加大领导监督考核,对履行职责好的给予表彰奖励,对履行职责差的进行批评惩罚。

3. 要设置资产账卡

为了有效地进行管理,防止出现混乱状况,资产管理部门、使用部门和财务部门,必须采取科学、合理的管理方法,设置账卡,定期或不定期地对资产的种类、名称、规格、数量、性能、用途、存放地点,以及调出、调入、报废、清理等变动情况,进行清点和记载。行政管理人员发现问题,应及时查明原因,妥善处理,真正做到账卡相符、账物相符。

4. 要节约使用资产

在企业资产的购置、建造和使用过程中,一定要大力提倡节约使用、综合利用、修旧利废、物尽其用,充分发挥资产的最大作用。

 理论联系实际

实地考察你所在的学校或企业,了解该企业或学校资产管理的相关制度,以及企业或学校资产管理的现状。

记录：

三、企业资产管理的环节

企业资产管理，主要包括物资采购、物资保管和物资使用三个环节。

（一）物资采购

物资采购是整个企业资产管理的重要一环，对于企业成本的控制相当重要。由于物资采购涉及采购各方的经济利益，有可能会给企业经营造成严重影响。因此，必须认真制定并严格落实企业物资采购管理规定。企业的物资采购需要做好以下三个方面工作：

1. 制订采购计划

根据企业物资的总体需求和物资需求部门的协作，企业来制订采购计划。一般来说，制订采购计划有以下几个流程：

（1）由物资需求部门根据经营计划编制物资使用计划表，报送物资管理部门。

（2）物资管理部门对物资使用计划表进行审查，然后根据库存情况确定采购品种、数量，并编制正式采购计划报主管领导审批后，送采购部。

（3）采购部根据报来的采购计划进行采购。

2. 选择供应商

供应商的选择，直接影响企业的经济效益，是控制物资采购的重要环节。对任何一个采购项目来说，供应商的多少，决定着供应商竞争力的激烈程度，参与的供应商越多，采购项目在其性能、规格等方面就越有较多的选择余地，而且在供应价格上也就越能得到更大的优惠，在售后服务的承诺措施上也将更加完善、周到。

3. 确定采购价格

采购价格是采购方与供应商谈判的核心问题。在确定采购价格时，要弱化采购人员与领导的个人行为，注重产品市场价格的调查、比较。在调查市场价格时，要充分利用网络、内部情报等手段，掌握商品的成本，摸准利润构成，以消除腐败隐患。另外，要充分认识竞争决定价格这一规律，在市场调查的基础上，认真进行对比，在保证供应商有合理利润的前提下，通过谈判，促使价格下调到合理的较低位置。

 知识链接 5-1：招标采购

理论联系实际

请查找你所在学校或企业物资采购过程使用的采购方法,了解这种采购方法的采购程序或流程。

记录:

....

....

....

....

....

....

....

....

(二)物资保管

物资保管是对企业物资在采购之后到使用耗费前的滞留过程的管理。物资保管不当也会造成资产的遗失、损坏等。物资资产保管主要有以下几个流程:

1. 入库验收

物资入库必须严格进行数量和质量验收,全面登记有关名称、规格、产地、厂家、价格、数量和随物资带来的合格证、化验单、质量证明书与使用说明书等资料。入库时,要通过点数、检尺、换算、过磅等方式,及时进行验收,如发现数量短缺、盈余、损坏、质差或凭证不符等情况,必须立即与有关经办人联系处理,遇到重大问题要及时汇报。

2. 库存保管

验收后的物资要及时上架,按要求摆放;技术资料必须点清,并应妥善保管。库存物资要搞好科学管理,做到分类清楚,标志鲜明,排列有序,堆放整齐,零整分开,账、卡、物、资金四个对口,搞好维护保养,防止霉烂变质。行政管理人员发现问题要及时采取相应措施,力争把损耗降到最低限度。

3. 定期盘点

物资保管部门应定期对物资进行盘点。一方面,要审核物资总账、分类账、明细账以及入库验收的各种凭证,确定账目之间的数目相符;另一方面,要统计登记库存的实物同账目是否相符,掌握物资的实际状态。在盘点后发现盘亏、盘盈的物资要查明原因,及时办理盘亏、盘盈手续,经领导批准后应及时调整账册。

4. 统计分析

保管部门应按企业规定的统计制度和时间,及时上报月、季、年各种统计报表和临时报表。对一定时期内累积的报表,还应进行统计分析,掌握物资消耗规律,以反映物资供应的管理情况,做好参谋工作。

5. 回收处理

保管部门对多余物资应该尽量回收，变无用为有用，变积压为流通，充分发挥物资的潜力。企业可以设立报废设备与物资仓库，积极开展加工改制、拆件利用、整旧为新活动，以提高物资再利用率。

（三）物资使用

行政部门要监管企业资产的使用过程，以保证使用的合理、有效。大宗、贵重物资的使用，必须专门递交申请报告，经审批后，到仓库领取；一般的物资使用，须填写领取申报单，注明用途、归还期限、维护责任等内容，由部门负责人签字批准。发放物资时，保管员应仔细审查领取手续是否齐全、领用是否合理，并当场划价结算，扣除经费。

在物资使用发放时应执行"先进先出"的原则，防止物资变质、霉烂；对专项控制的低值品、易耗品，可实行以旧换新制度。在使用过程中的物资资产保管，实行"谁使用，谁保管，谁维护"的办法。

理论联系实际

请查找你所在的学校或企业的物资保管和使用的相关规定，了解企业或学校物资保管的流程，并讨论目前企业或学校物资使用过程中存在哪些不足。

记录：

第二节　企业房产管理

房产是企业固定资产的重要组成部分。企业如何对房产及其附属物业进行科学管理、充分利用是企业削减经营成本、提高经济效益与市场竞争力的关键所在。企业房产管理主要包括房产的产权管理、房产的租赁管理、房产的分配管理和房产的维护管理等。

一、企业房产的产权管理

企业房产的产权管理是房产管理的基本问题，涉及产权来源依据，以及房屋的结构、面积、高度、建造时间、维修及变动等情况。在产权管理中，管理者务必做到房产账目心中有数，且有详细记录。一般来说，企业房产的产权管理包括以下几个方面：

1．资料建档

企业房屋新建、扩建时，施工单位都有图纸，建好后，施工单位应将这些详细资料、图纸等移交到企业房管部门；房管部门应对其进行登记，建立档案予以保管。

2．定期检查

企业房屋修建后，管理者要定期对其情况进行普查，并将普查的情况建档立卡，根据房屋设备损坏程度，按轻重缓急编制修缮计划。企业房屋修缮时，管理者应及时将修缮情况进行详细记录，建立房屋修缮档案，为以后的维修提供参考。

3．建立产权管理制度

在房产的产权管理中，建立健全管理制度十分重要。具体制度包括产权登记制度、产权审核制度、产权交易制度、产权收益分配制度等。

二、企业房屋的租赁管理

企业的房产在满足需要后还有剩余，或是房产在某一较长时间内没有使用，从经济的角度去考虑，就很有可能将房屋租赁出去。通常来说，房屋租赁期限超过 6 个月，出租人和承租人就应当签订书面租赁合同。房屋的租赁管理主要体现在签订并遵守房屋租赁合同。房屋租赁合同一般有下列条款：

（1）当事人双方姓名、住址。

（2）房屋现状、产权及租用面积。

（3）租赁期限。依据合同法规定，租赁期限不得超过 20 年，否则超过部分无效。

（4）租赁用途。

（5）租赁价格、付款方式及付款期限。

（6）房屋修缮及维护责任人。

（7）转租规定。

（8）水电费、物业管理费、电话费等相关费用的负担。

（9）合同解除条件。

（10）有关税费的负担。

（11）解除争议的方法。

（12）房屋附属设施一起租用的应附上清单，并证明产权归属。

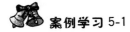 **案例学习** 5-1

闲置厂房成为创客中心

××公司是××市××区工业区内一家集高级成衣设计、生产及销售于一体的自主品牌服装企业。自 2015 年以来，随着该品牌的不断发展与市场需求，急需扩大生产规模，扩大建设用地，增加劳动用工。但工业区内日益突出的工业用地稀缺，以及劳动密集型企业用工难问题日趋严重。

在××区相关部门的引导和推动下，××公司开始考察多个周边产业园，最终选择落户××经济开发区。

此后，××公司利用旧厂房建设了服装设计创客中心，同年与××基金管理有限公司合作后开始建设以服装为基础、发展电商产业孵化和文化创意产业孵化的众创园。

目前，该众创园完成了一期A座、C座、D座的近90%招商。根据××区和新媒体基地的产业定位，格雷众创园重点孵化科技文化创意产业电子商务和科技类企业。入园企业主要集中在文化创意类公司、电商及互联网＋类科技公司。

房产是一项重要的企业资产，管理好企业自身的房产往往能产生巨大的经济效益。由于我国的土地政策，过去很多企业能够以较便宜的价格获得经营性的房产，随着房产升值带来的企业收益升值甚至超过了企业本身经营的业绩。

三、企业房产的分配管理

企业房产的分配若不合理，既影响企业员工的情绪，又直接影响企业的办公效率，因而管理者应慎重处理。

（一）房产的分配原则

1. 分配协调

在分配时，应将同类功能的房屋安排于办公场所的适当位置。在每一栋房屋内，管理者要根据各部门的职能和工作特点，充分考虑使用和服务的方便，合理安排楼层和位置。企业各职能部门的房间安排，既要有利于各部门间事务的交流合作，又要便于外来人员联系业务。

2. 重点为主

在分配企业办公用房时，通常应首先安排和保证生产和业务用房，尽可能为业务工作创造良好的条件。在保证生产和业务用房这个重要的前提下，企业应兼顾一般，尽量压缩办公辅助用房，最大限度地提高房屋的利用率。

3. 服务配套

企业用房不仅要求使用面积足够，而且要求有良好的配套服务，这样才能保证房屋的正常使用。配套服务包括两个方面的内容：一是在物质上保证配套服务，如配备办公家具、设备、门卫、清洁人员和维修房屋人员，供应水电等；二是要制定和执行各项服务工作制度。这样，在办公时才能做到各项工作有章可循。

4. 管用结合

管用结合是指在管理中要求房产管理部门和使用部门、使用人员相结合。房产部门要负责好房屋维修、水电供应、家具配备等方面的工作；使用部门和使用人员要负责保持房屋的清洁卫生以及房间设备的一般维修工作。为贯彻好管用结合的原则，通常要建立规章制度，以明确双方各自的责任，以免出现相互推诿现象而影响工作。

（二）房产的分配方法

一般来说，企业要分配使用的房产主要包括办公用房以及员工宿舍。

1. 办公用房的分配

办公用房的分配使用直接影响到工作，管理者应先全面掌握有关情况，主要包括以下几个方面。

（1）企业可供办公使用的房屋的间数、总面积、建筑分布情况。

（2）企业科室部门设置情况，工作业务的特点及部门间的协作关系。

（3）全面掌握需要使用办公用房的部门人员及业务量等情况,能估计到部分部门人员数及业务可能出现的变化。

掌握以上情况后,管理者才能够综合考虑,按照分配原则合理地安排各部门的办公地点、楼层、办公面积等。

2. 员工宿舍分配

在制订员工宿舍的分配方案时,要广泛听取员工的意见,尽可能使绝大多数员工对分配方案满意。同时,分配标准应具有连续性,不能朝令夕改。

四、企业房产的维护管理

企业房产出现问题时一定要及时维护,房产的日常维护是房产管理的重要内容。房产维护管理工作搞得好,往往能够起到延长房产使用寿命、缓解房产紧张状况、节约成本等作用。

企业房产的维护管理工作是一项相当复杂的工作,既要保持房产及其附属设施能正常使用,又要计划好维修中物力、财力的消耗,以免给企业带来经济损失。企业的房产维护管理需要按以下要求进行:

1. 合理制订维护计划

维护计划包括维护顺序的先后、资金的投入、维护进度等。管理部门要尽可能地降低维护成本,节约维护资金,但必须以保证质量为前提,绝不允许以劣充优,埋下安全隐患。

2. 量力配备维护人员

企业房产维护管理应根据各企业的规模、房产新旧等分别进行。为保证维护及时,一般应配备一定数量的水工、电工、木工和瓦工,专门负责企业日常的房产维护工作;应建立必要的报修、派工、回执、检查监督等制度,出现问题就随时维护,以免影响办公。另外,如果企业规模较大、房产较多、维护任务较为繁重,则适宜组建一支房产维护小组,或设定一个物业维护办公室,这样能更有效地应付企业房产出现的任何维护问题。

3. 定期检查房产状况

在房产维护管理中,定期对各类房产进行普查很重要,应随时掌握房产情况,最好将普查的资料建立档案,并将普查中发现的问题根据轻重缓急进行分类,编制好修缮计划,分期、分批安排维护。

 **课堂讨论**

（一）资料

广东××学院用房分配办法

根据上级规定和学校实际,制定本办法。

第一条 学校公用房分为教学用房、教学辅助用房、图书馆用房、办公用房、生活用房五类。

第二条 财资处负责学校用房的产权登记,按类分配全校公用房,分配方案报学校批准后实施。

第三条　教科处负责校区教室分配，工业中心负责校区实验实训室分配，体教部负责珠海校区体育用房及设施分配。

图书馆负责全校图书馆用房分配；财资处为主、办公室协助分配行政办公用房；后勤部门负责生活用房的分配。

各类用房的分配方案须经财资处审核并报学校批准后实施。

第四条　经济适用房由学校分房领导小组分配。

第五条　学校各部门之间不得以任何方式转让、转借、挪用、出租公用房。

第六条　本办法由财资处负责解释。

第七条　本办法自公布之日起施行。

（二）讨论

请大家谈谈"广东××学院用房分配办法"是否全面。请针对自己所在学校或企业的实际情况制定一份"××学校或企业的用房分配办法"。

要点：

_____
_____
_____
_____
_____
_____
_____
_____

第三节　企业车辆管理

企业一般都有一定数量的车辆为其工作和生活服务，这些车辆管理的好坏直接影响着企业资产的安全和企业的正常生产、生活秩序。在讲究经济效益的时代，合理、安全、经济地管好和用好这些车辆，已经成为企业行政管理的一项重要工作内容。

一、企业车辆的购置管理

企业车辆的购置应注意适用、经济、配套的原则。适用，是指车辆能够适应本企业的工作需要；经济，是指购买车辆时考虑企业经费的承受能力、对企业财务产生的影响，应以经济适用、价廉物美为宜；配套，是指企业的各类车辆（轿车、客车、商务车、卡车等）搭配比例应适应企业各种情况下的需求。

（一）购置车辆的注意事项

1. 提高现有车辆的利用率

企业可以考虑不买新车，而靠提高现有车辆的利用率来解决运输需要。

2. 控制购车数量

企业应控制生活配车,保证工作用车,避免车辆配置越来越多、造成资金和管理压力。

3. 综合考虑购车成本

车辆的后期使用成本远远高于车辆本身的价值。因此,企业不仅要考虑买车时资金的来源及资金的多少,还要考虑购车后的上牌、燃料供应、配件供应等一系列成本问题。

4. 根据车辆的使用性能合理选择车辆

购车前要了解企业所在地区的道路条件、气候条件等基本情况,同时还要考虑到所在地区的车辆保修能力、使用经验,以及企业车辆的使用对象,合理确定车型。

5. 注重车辆的环保和节能要求

随着国家、社会对环保、节能问题的日益重视,企业也要重点考虑那些低污染、低燃油消耗量、高燃料使用率的环保车型,既降低对气候的影响,又有利于增加效益。

 课堂讨论

(一)资料

中央机关新购车辆须 50％以上是新能源车

日前,国务院总理李克强召开国务院常务会议,确定进一步支持新能源汽车产业的措施,以结构优化推动绿色发展。

会议指出,新能源汽车产业发展的下一步,要坚持市场导向和创新驱动,依托大众创业、万众创新,努力攻克核心技术,打破瓶颈制约,加速新能源汽车发展步伐。会议指出,中央国家机关、新能源汽车推广应用城市的政府部门及公共机构购买新能源汽车占当年配备更新车辆总量的比例,要提高到 50％以上。这一比例在两年前制定的目标基础上大幅提升。

(二)讨论

1. 谈谈如何加强企业环保意识,推广新能源汽车的使用。

2. 查找资料,谈谈企业购置新能源汽车,国家实行了哪些优惠措施?

要点:

(二)登记车辆的相关手续

新车购进后必须按照国家的相关规定进行一系列注册登记才能够开始使用。办理车辆的上牌登记手续包括以下几个方面:

（1）凭购车手续到有关部门缴纳附加税。

（2）填写《机动车注册登记申请表》，企业车辆需盖单位公章。

（3）到公安部门车辆管理所办理上牌手续。

办理上牌登记后，企业还应及时为车辆购买各种税费（养路费、车船使用税等）和交通保险费。作为企业车辆，行政人员应及时建立登记表，将车辆型号、牌号、车况等各项数据逐一登记。企业车辆登记表示例见表 5-1。

表 5-1 ×××公司车辆登记表

年　月　日

车型		车号	
牌号		引擎号	
制造厂		排气量	
购买日期		初检日期	
技术指标			
保险记录	保险公司	保险证号	保险期	保险内容
购买价格		经销商	
附属品			
驾驶员	住址	电话	
备注			

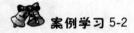 **案例学习 5-2**

加强对企业驾驶员的管理

（1）驾驶员对于车辆的使用应该受到有效监管，不同级别的工作人员享受不一样的使用权。使用过程中要保证车辆安全依靠、安全行驶、安全保管。

（2）除了加强在使用规范方面的管理外，也要提升驾驶员的综合素质，加强纪律教育，培养服务意识，让驾驶员能够发扬良好的职业素养，恪守职业情操，文明驾驶等。

（3）在车辆使用方面，要做到统一建档备案，记录每一次车辆的使用情况，杜绝公车私用，保证车辆使用的安全和车辆的清洁，为企业用车创造干净舒适的环境。

 理论联系实际

企业车辆和私人车辆性质不同，国家对它们的管理、征税等均有不同，在新车购置、登记时需要认真了解相关规定。例如，企业车辆可以作为企业资产进行折旧计入企业成本，同时当企业出现债务问题时，企业车辆也可能被处理用于偿债。请问：如果你是企业老板，当购入新车时，是应登记为企业车辆还是私人车辆？为什么？各有什么利弊？

记录：

....

....

....

....

....

....

....

....

二、企业车辆的养护管理

车辆在使用过程中,随着行驶里程的增加,零件的磨损也不断增大,车辆的技术状态逐渐变坏,其结果是车辆的动力性、经济性和可靠性不断降低。为了及时恢复车辆的技术性能,使其经常处于良好的技术状态,保证其在任何条件下都具有使用的可靠性,减少燃料等的消耗,延长车辆大修的间隔里程,企业需要对车辆进行及时养护。车辆养护管理主要包括建立企业车辆的技术档案、保养企业车辆和维修企业车辆。

（一）建立企业车辆的技术档案

为便于车辆的养护、维修,行政管理人员应该为车辆建立对应的技术档案,主要内容有：车辆来源、基本装备、技术性能、改装改造情况、行使情况记录、任务完成情况记录等；对车辆进行的养护、维修项目、周期等的记录；车辆运行情况、车辆机件的磨损规律、车辆事故记录、驾驶员调换情况等。

为车辆建立技术档案有利于掌握车辆使用性能的变化情况,以便针对薄弱环节采取技术措施,充分发挥车辆性能和保证行车安全；有利于掌握车辆在不同使用条件下的技术状况和机件的磨损规律,以便更好地调整保养作业的项目和周期；有利于掌握车辆保修和运输物资的消耗规律,从中找出节约人力、物力的最好途径；有利于为车辆保养、修理和原材料供应计划的编制和对车辆进行技术鉴定提供依据；有利于为改进车辆结构、性能提供有关的技术资料和数据。

（二）保养企业车辆

车辆保养工作的有效性高低,直接反映出企业车辆管理水平的高低。根据长期的实践经验和汽车保养制度的要求,企业车辆的保养分为例行保养、一级保养、二级保养和三级保养,企业可以进行例行保养和一级保养,二、三级保养可以到车辆维修点进行。

1. 例行保养

例行保养是以日常清洁为中心,驾驶员每天出车前、行车中和收车后针对汽车使用情况所做的保养。其主要内容为：打扫、清洗汽车外部,检查安全机构及各部机件的连接紧固情况,检查轮胎气压,补给油、水的情况。

2．一级保养

一级保养是以润滑、紧固为中心。其主要内容是检查车辆外露部位的螺栓、螺母是否牢固和按规定在润滑部位加注润滑脂。检查总轴承内润滑油平面，加添润滑油，清洗各个空气滤清器，排除发现的故障。车辆在一级保养后，应达到车容整洁、装备齐全、连接牢固、滤清器畅通、不漏油、不漏水、不漏雨、不漏电、油嘴齐全及润滑良好。

3．二、三级保养

二、三级保养是以检查、调整一级总成解体、清洗、检查、调整、消除隐患为中心。二、三级保养除执行一级保养的作业项目以外，主要检查、调整发动机、底盘及电气设备的工作状况，并完成一些附加的小修项目，从而改善其技术状况并做好技术鉴定。

（三）维修企业车辆

按照确保安全和节俭的原则，对车辆所有零件及总成进行维修。车辆维修严格按流程报销，统一结算，并经由车队监管人员确认无误后，再予以核销。对需要维修的车辆，如果在厂家承诺保修期内，必须到指定 4S 店维修；如果超过保修期，可在与企业签订协议并具备维修资质的厂家进行维修。在维修期间驾驶员应在现场进行监督，对车辆关键部件的维修车辆管理人员必须到现场进行监督检查，确保故障部位得到正确合理的修复。同时，要关注企业车辆尾气排放必须达到国家环保标准，每年安排一次尾气检测，对不达标的车辆及时处理。

 理论联系实际

从节约成本的角度来看，某企业实行车改后，全部租车。该企业先后向社会租用了 12 辆小型货车和 12 辆公务车。每辆车平均每天的租车费为 120 元，24 辆车全年的费用在 100 万元左右。如全部自购，一年仅维修费、燃油费、过路费、养路费和保险费等养车费用，不低于 100 万元。24 名司机的工资、福利以及办公经费一年大约需要 70 万元。而采用租车的办法，在不考虑买车成本的情况下，每年可以节约开支 70 万元左右。结合以上资料，请实地考察你所在的企业或学校，了解企业或学校每年维修每辆车的费用大概是多少，讨论一下企业是养车好还是租车好，为什么？企业应该如何缩减车辆的使用成本？

记录：

....
....
....
....
....
....
....
....

三、企业车辆的使用管理

（一）企业车辆的启用

企业车辆的启用是指新购车辆及经过大修的车辆在正式使用前,需要办理申报牌照、领取行驶证、上缴养路费和车辆使用税、办理车船保险手续。同时,应根据厂家说明书或有关技术规定对车辆进行一次全面检查,然后严格按照定车定人的原则投入磨合期的适用性使用。新车磨合期内,应做到减载、限速行驶。磨合期的合理使用,对于预防车辆机件早期磨损、延长车辆使用寿命是非常重要的。

（二）企业车辆的调度

企业车辆的调度是指车队负责人或专职调度人员根据企业车辆使用管理规定和当天用车需要,对企业车辆的使用进行分配安排。只有做好调度工作,才可以充分发挥汽车的使用效益,最大限度地满足各方面的用车要求。目前,企业普遍存在用车量大、供需矛盾突出的问题。企业行政管理人员应该充分发挥企业车辆调度在连接、协调用车部门同车队之间关系的纽带作用。

车辆调度工作一般采取的程序为:填写车辆使用预约登记单进行申请;编制派车计划;通知车辆安排时间、地点等细节或对不能派车的原因进行解释。

车辆调度工作需注意以下几个方面:

（1）灵活机动性。对于制度没有明确规定而确实需要用车的,要从实际出发,灵活机动,恰当处理,不能误时、误事。

（2）调度合理性。一般情况下,在一条线路上不重复派车,车辆不能一次派完,要留备用车辆以应急需。

课堂讨论

（一）资料

××公司的车辆调度规定

1. 目的　为合理、有效地利用公司的车辆,节约公司成本,对公司用车使用做如下规定:

2. 范围　2.1　适用于所有公司的管理

　　　　2.2　本规定适用于经理级(不含)以下人员

3. 出车单

　　3.1　出车单填写

　　　　3.1.1　各部门使用公司,须填写出车申请单,经部门主管逐级审核签名后,送行政处。出车单需要各部门的最高主管(经理/副经理以上)签字确认,最高主管不在时应由内勤电话确认或由职务代理人确认,不得由出车人本人代签。无签字的出车单一律不得受理。

3.1.2 一个部门同时有多人同一时间公出用车,出车单上用车人员姓名需填写完整,以方便驾驶员和保安核对人员。无出车单或实际人员与出车单上填写人员不符,驾驶员不得出车。

  3.1.3 公出人员需详细填写办事的每一个地点及事由,以方便主管审核以及驾驶员合理安排行车线路。

3.2 出车单递交

  3.2.1 公司用车出车单需提前交到总务科。出车单未按规定时间提前递交的,总务科不予受理。

  3.2.2 出车单递交后由调度员签注派遣车辆及驾驶员,同时电话通知驾驶员。

  3.2.3 17:00后用车(包括节假日用车):下班前须将出车申请单送行政处长,审批后再予安排车辆。

  3.2.4 未经同意,任何部门和个人不得私自要求司机出车。

4. 车辆调度

4.1 定时发车,因车辆调度原因,可能取消或临时更改发车时间。

    周二:下午 13:00

    周四:下午 13:00

4.2 特殊需要可视情况派车,如携带大量现金或重物等,但必须经主管签字说明车辆调度规定。

4.3 车辆调度,应视用车事项的重要性及紧急程度合理安排,原则上应先保证领导、重要客人用车及员工班车。

4.4 因车辆调度需要,经协调难以满足用车部门需求的,调度员应耐心向用车人说明原因取得理解,同时用车部门应积极研究改变出车时间或改乘其他交通工具。

(二) 讨论

  针对上述公司的车辆调度规定,谈谈该公司的调度规定有哪些不足。结合你所在企业或学校的实际情况,制定或完善你所在企业或学校的车辆调度规定。

  📝 **记录:**

....

....

....

....

....

....

（三）企业车辆的安全

企业车辆的安全是企业车辆使用管理的重要组成部分,是防止事故发生的重要保证。为防止和杜绝各种事故的发生,企业行政人员应制定和落实车辆安全管理制度,并广泛开展宣传教育。

车队的各种安全设施必须有专人管理,定期进行检查、维修和更新,经常使其保持完好;要建立安全设施管理制度,配备的各种安全装备一律不允许外借或挪作他用,不允许随意移位。为了经常保持安全设施的完好,还应建立各种设备的登记卡片,注明各种设备的装置时间、检修、更新情况、使用方法和使用性能等,以利于保持管理的连续性和使用的方便。

 知识链接 5-2：　企业车辆交通事故的处理方案

 理论联系实际

如果你是企业的车辆管理人员,如何保障企业车辆安全?

记录:

....

....

....

....

....

....

....

....

....

....

第四节　企业办公用品管理

企业办公用品是指企业行政办公人员在日常工作中所使用的辅助用品,主要包括企业办公设备、企业办公家具、企业办公耗费品三大类。企业办公用品名目繁多,作为企业行政人员应该了解常用的办公用品的相关信息,以便于采购和进行资产管理。

一、企业办公用品的采购管理

（一）企业办公用品的采购程序

（1）由需要购买办公用品的员工填写企业内部的办公用品申购表并签字,说明需要办公用品的理由和细节,经过部门领导批准后交给采购人员。

（2）由采购人员向供应商提出购买需求,各供应商会反馈对应的报价单或估价单,经过采购人员比较、筛选,填写正式订购单并签字,说明订购办公用品的详细情况,发送给选定的供应商。同时,该订购单需要经过企业主管签字批准,并复制一份给会计部门,表示开始购货准备付款。

（3）当收到供应商的办公用品后,要对照供应商的交货单和自己的订购单检查货物,查明货物的数量、质量,证实符合要求后,将签收后的交货单送给会计部门。

（4）采购人员要根据收到的办公用品填写入库单,货物入库后,库房人员要签字表示货物进库。

（二）企业办公用品的采购方式

（1）电话采购。大多数的日常办公用品都可以直接通过电话从供应商处采购。

（2）传真或电子邮件采购。有些设备和办公用品的订购,需要给供应商发传真或电子邮件,详细列出需订购的货品名称、数量、类型、送货时间等细节问题,让供应商能够清楚订购需求。

（3）填写采购单。有些单位有正规的货物订购单,在订购时需要将订购单填写好,邮寄或传真给供应商,供应商会根据订购单的要求送货上门。

（4）互联网服务。通过访问互联网,利用电子商务来为企业的采购服务,如通过网上广告了解所需要的办公用品信息,进行价格的比较。

 理论联系实际

电话采购、传真或电子邮件采购、填写采购单和互联网服务等企业办公品的采购方式有什么优缺点?你更倾向于用哪种采购方式?为什么?考察你所在的企业采用哪种方式进行企业办公用品的采购。

记录:

_____

_____

_____

_____

_____

_____

_____

_____

二、企业办公用品的库存管理

企业办公用品的库存管理是要实现较低的储存成本和保证较高的供货率。由于办公用品是企业员工工作的必需品，员工可能随时需要领用，办公用品准备得是否充分，直接影响企业员工的工作效率。

（一）办公用品库存的控制指标

办公用品的库存管理要求办公用品的库存维持在合理的水平，因此行政部门要掌握办公用品库存动态并及时订货。企业应建立办公用品库存控制指标，主要控制指标有以下几个方面：

1. 最大库存量

最大库存量是企业办公用品能够存储的最大数量，企业应控制库存，办公用品的数量在任何时候都不超过这个指标。最大库存量能使资金不被过多地浪费在库存办公用品上，能节约宝贵的库存空间，并使库存办公用品及时利用，不会因为长期存储而过期作废。

2. 最小库存量

最小库存量是为防止办公用品全部消耗完而保存的该项办公用品的最小数量。最小库存量能够保证购买者在所有办公用品用完之前有充分的时间补充库存量。

3. 重新订购量

重新订购量是根据物品的使用量、发放时间、最小库存量计算得到。当库存量接近最小库存量时，就是提醒采购人员需要开始采购了。重新订购量可以用以下公式计算：

重新订购量＝日用量×办公用品发放时间＋最小库存量

例如，每天要用去 A4 纸张半包，办公用品从申购到发放需要 20 天，最小库存量是 10 包，则 A4 纸的重新订购量计算为：

$$重新订购量＝1/2×20＋10＝20（包）$$

4. 库存成本

办公用品的库存成本主要由以下几个部分组成：

（1）物料成本。物料成本是指购买该办公用品花费的费用。

（2）订货成本。订货成本又称采购成本，是指每次订货或采购所发生的全部费用。

（3）库存保管成本。库存保管成本又称储存成本，是指储存、保管办公用品所发生的费用。

（4）缺货成本。缺货成本是指因办公用品库存不足会产生的各项损失。

对办公用品的库存成本进行综合分析、计算，是确定最大库存量、最小库存量的基础。

 理论联系实际

（一）资料

ERP 的优势

ERP 作为一个综合性的管理平台，能够对企业的发展起到积极的指导作用。企业经营者可以把系统中好的管理思想与方法运用在企业的日常管理中,促使企业逐渐实现规范化、合理化;ERP 软件的传输方式依赖于网络,用户通过网络可以随时对企业的数据信息与报表进行查看,了解企业的运营状况,发现问题及时解决;ERP 更好地将数据进行集成,并且实现数据共享的功能,增强数据在传输过程中的优势。

（二）讨论

1. 请实地考察当地一家企业的办公用品库存情况,查看企业使用何种库存管理软件,并邀请管理人员谈谈这款软件的优缺点。

2. 现在新推出了云媒云仓储库存管理,请上网查查它的优缺点。

记录:

......

（二）办公用品的保管

办公用品中需要库存保管的主要有纸张、打印机墨盒和钢笔等常用的办公用品以及小型办公室设备。所有库存保管的办公用品都必须一一建立台账,以便清楚地掌握库存的情况。台账与实物要求定期盘点,保持账物相符。盘点之后对库存办公用品的数量变动要进行记录并加减,计算出余量,当余量达到重新订购量时,应立即填写报告申请采购。

办公用品的保管要求有:将体积大、分量重的物品放在下面,保证取用时的安全;将常用物品放在外边,方便取用;将新物品放在旧物品的下面或者后面,以便先来的物品先发,避免物品变质损毁;各类物品要贴上标签,标明类别,以便快速找到;存放物品之后,储藏间或物品柜要上锁,以保证安全,避免丢失。

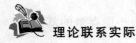 理论联系实际

（一）资料

××集团公司办公用品节约管理制度

第一条　为加强办公用品采购、保管、领取和使用,力求勤俭节约,杜绝铺张浪费,特制定本制度。

第二条　本制度适用于对办公及日常消耗品、易耗品及设备耗材等的管理。

第三条　办公用品的分类：

（1）固定资产类办公用品：办公电脑、传真机、复印机、打印机、扫描仪、投影仪等。

（2）高值非消耗类办公用品：办公家具、办公桌椅、验钞机、电话机、打孔机、装订机、U盘、移动硬盘、白板、书报架、电风扇、电脑包等。

（3）高值消耗类办公用品：墨盒、硒鼓、色带、碳粉等。

（4）低值消耗类办公用品：签字笔（笔芯）、圆珠笔、铅笔、白板笔、文件夹（盒/袋）、板夹、档案盒（袋）、笔记本（大/中/小）、便笺纸、方便贴、装订条、燕尾夹、订书钉、回形针、复印纸、打印纸、涂改液、尺子、橡皮、印台（油）、电池、一次性杯、垃圾袋等。

第四条　办公用品的申购：办公用品常用品由行政部门根据消耗情况进行申购备领，控制品和特批品由使用部门（人）提出申购，控制品经各公司总经理批准，特批品经董事长批准；批准后的《申购单》交采购中心执行购买。未填写《申购单》及未经领导批准擅自购买的不予报销。

第五条　办公用品的采购：办公用品的采购工作要科学、合理，增强透明度。采购前，应做好市场调查，充分掌握欲购物品的性能、价格。货比三家，讲价压价，努力做到货真价实，物美价廉。

（1）日常办公设备、文具等物品，在每月 20 日由需求部门填写《物品采购单》经部门经理（或主持工作的副经理）审核签字，由公司行政管理部经理审批签字，行政管理部门分管领导批准签字，行政管理部专人统一采购。

（2）大件办公用品（固定资产类）如办公桌椅、办公家具、验钞机等，以及高值消耗类用品需由公司总经理审批，行政部统一采购。

第六条　办公用品的领取

（1）领取的原则是：工作任务清楚，使用目的明确。

（2）领取时，领取人须在《办公用品领取登记本》上写明日期、领取物品名称、数量等项并签字。领取非库存、专门采购的办公用品时，领取人须在购物发票上签字。

（3）仓库保管员要恪尽职守，坚持原则，照章办事，严格控制办公用品的领取数量和次数，保证办公需要。

第七条　各部门办公费用核定及有关规定：

（1）各公司各部门应按总部核定的办公用品费用定额标准严格把好申购和领用关。保管人不得超标发放办公用品，确因工作需要超标领用的，应经分管领导同意。

（2）核定的费用实行增人增费、减人减费，各部门增人或减人，其费用由人事行政部门根据人员变动情况进行调整。

（3）各部门因特殊情况需增加费用的，应以书面形式报批，经分管领导审核后，由总经理特批，并报请总部增加该项费用。

（4）办公用品使用实行月统计年结算，截止时间为每月终和年终 12 月 31 日。由人事行政部门出具报表，财务部审核。费用超支在超支人年终奖金中扣除，节约费用计入下年度使用。

（5）各公司可根据总部下达的办公用品定额自主确定各部门及各使用人的办公用品使用标准。

第八条　办公设备的耗材及维修费用。

（1）电脑、打印机、复印机、传真机等办公设备的耗材及维修费用，属各部门或个人保管使用的，计入公司定额费用。

（2）耗材包括：打印纸、复印纸，激光打印机碳粉、硒鼓，针式打印机色带，喷墨打印机墨盒（水），复印机碳粉，传真纸，鼠标，键盘等；其申购由设备使用部门（人）负责，并经总经理批准。

（3）办公设备的报修参照耗材申购程序办理。

（二）讨论

请实地考察当地一家企业的办公用品管理制度和管理情况，根据该企业的实际情况对企业的办公用品管理制度提出修改意见。

记录：

三、企业办公用品的发放管理

企业办公用品一般是每个部门员工都要使用的，发放范围广。做好发放管理工作不仅要保证使用的需要，还要节约资源。

（一）办公用品发放的原则

（1）经济化原则。经济化原则是指领用人员消耗办公用品的数量必须和其工作的价值等值。

（2）有效化原则。有效化原则是指行政办公中直接消耗的办公用品，虽然不能任意浪费，但也不能一概简缩；只要使用得当，即使花费再多也不能吝惜，以使办公用品发挥出最大作用。

（3）标准化原则。标准化原则是指企业把有效化原则和经济化原则统一起来，建立相应的办公用品配备标准，力求办公用品的使用合乎办公的特殊需要并和企业文化相适应。

（4）制度化原则。制度化原则是指要从企业的实际情况出发，公开制定办公用品的使用原则，并严格执行，绝对遵守，形成稳定的制度。

（二）办公用品发放的要点

（1）由专人负责发放。办公用品由保管人员负责发放，不可以随便交由他人代为发放，更不能由员工自行领用。如果没有专人进行控制,办公用品耗用起来可能会数量惊人,还会导致使用时的短缺。

(2)安排好发放时间,提高发放效率。办公用品使用频繁,随时发放会增加保管人员的工作量,也容易失控,因此可以根据办公用品的耗用情况安排发放的时间。属于工作人员按照惯例需要的办公用品,可实行固定时间、定量地分配发放;属于工作人员非惯例使用的用品,应填写领物单,由主管批准,交保管员安排时间发放;属于紧急申领的办公用品,应该单独申请,尽快安排发放,以保证工作需要。

(3)定期清点发放办公用品。保管员发放时,要备簿登记,定期统计,送主管人员查阅,以便了解办公用品消耗情况,从而改进工作。

(4)办公用品在发放中要采取节约控制措施。办公用品在发放时,应注意提醒部门及人员注意节约使用。不同部门的发放物品数量,应分别登记,以便进行对比。办公用品发放之后,还可以采取追踪措施,对办公用品使用情况进行了解,防止私人使用办公用品。对员工调换部门或者辞职的,应将其使用的办公用品进行移交或收回,以避免重复发放。

 **稳扎稳打**

一、单项选择题

1. 企业资产管理是指对企业的财产物资进行(　　)、保管、分配等管理工作的总称。
  A. 维修　　　　　　B. 销售　　　　　　C. 采购　　　　　　D. 保养

2. 从性质上看,以下哪个不属于企业资产?(　　)。
  A. 固定资产　　　　B. 材料　　　　　　C. 低值易耗品　　　D. 人力资源

3. 在确定采购价格时,以下哪种做法是不合理的?(　　)。
  A. 掌握产品成本,摸准利润构成　　　B. 认真比对,充分谈判
  C. 给供应商以合理的利润　　　　　　D. 务必尽力压价

4. 企业房产管理主要包括房产的产权管理、(　　)、分配管理和维护管理等。
  A. 卫生管理　　　　B. 租赁管理　　　　C. 绿化管理　　　　D. 消防管理

5. 企业车辆的购置应注意适用、经济、(　　)的原则。
  A. 配套　　　　　　B. 方便　　　　　　C. 充足　　　　　　D. 快捷

6. 办理车辆的上牌登记手续不包括以下哪个方面?(　　)。
  A. 凭购车手续到有关部门缴纳附加税。
  B. 认真填写《机动车注册登记申请表》,企业车辆需盖单位公章。
  C. 到公安部门车辆管理所办理上牌手续。
  D. 为车辆安装导航和视觉辅助设备。

7. 采购人员要根据收到的办公用品填写入库单,货物入库后,(　　)要签字表示货物进库。
  A. 采购人员　　　　B. 库房人员　　　　C. 质检人员　　　　D. 管理人员

8. 企业办公用品采购的方式不包括(　　)。
  A. 电话采购　　　　B. 传真采购　　　　C. 随机采购　　　　D. 填写采购单

9. 库存成本一般包括物料成本、订货成本、缺货成本和（　　　）。

    A. 库存保管成本　　B. 固定成本　　　　　C. 可变成本　　　　D. 维护成本

10. 办公用品发放的原则包括经济化原则、有效化原则、标准化原则和（　　　）。

    A. 可视化原则　　　B. 灵活性原则　　　　C. 规范化原则　　　D. 制度化原则

二、判断题

1. 办公用品可以交给别人代为发放，或由员工自行领用。　　　　　　　　　（　　　）

2. 办公用品保管时，应将新物品放在旧物品的下面或者后面，以便先来的物品先发，避免物品变质、损毁。　　　　　　　　　　　　　　　　　　　　　　　　　　　（　　　）

3. 车队配备的各种安全装备可以外借或挪作他用。　　　　　　　　　　　　（　　　）

4. 一般情况下，在一条线路上不重复派车，车辆不能一次派完，要留备用车辆以应急需。　　　　　　　　　　　　　　　　　　　　　　　　　　　　　　　　　　　（　　　）

5. 企业自身可以对车辆进行例行保养和三级保养，一、二级保养可以到车辆维修点进行。　　　　　　　　　　　　　　　　　　　　　　　　　　　　　　　　　　　（　　　）

6. 企业新车购进后买完保险即可开始使用。　　　　　　　　　　　　　　　（　　　）

7. 通常来说，房屋租赁期限在一年内的，出租人和承租人就无须签订书面租赁合同。　　　　　　　　　　　　　　　　　　　　　　　　　　　　　　　　　　　　（　　　）

8. 采购价格是采购方与供应商谈判的核心问题。　　　　　　　　　　　　　（　　　）

9. 机械设备属于企业资产中的材料。　　　　　　　　　　　　　　　　　　（　　　）

10. 燃料、水泥、试剂和设备修理用的元件、配件等属于企业资产中的低值易耗品。　　　　　　　　　　　　　　　　　　　　　　　　　　　　　　　　　　　　（　　　）

三、简答题

1. 常见企业固定资产有哪些类型？

2. 企业房产、车辆、办公用品的资产特征有何不同？在管理上有何差异？

3. 企业在房产分配时有哪些原则？

4. 企业在购置车辆时有哪些注意事项？

5. 在发放企业办公用品时要注意哪些问题？

 项目训练

习题参考答案（五）

项目一：

【项目任务】

安排学生进行企业资产管理调查。通过收集资料、人员访谈等方式，了解企业资产的现状，完成一份企业资产管理现状调研报告，编写一个企业资产管理案例。

【实训目的】

认识企业资产管理的重要性。

【项目实训步骤】

1. 通过现场走访、网络搜索等方式收集企业资产状态资料，重点了解企业房产管理、企业车辆管理、办公用品管理的基本情况。

2．参考教材及相关资料,设计填写企业资产管理的相关表格(例如企业房产登记表、企业车辆登记表、办公设备管理卡等),撰写一份企业资产管理现状的调研报告。

3．针对企业在资产管理工作中出现的典型问题,编写案例。

4．在课堂上,学生就调研报告及案例相互交流,教师进行指导、评价。

项目二:

【项目任务】

模拟进行一次办公用品采购活动,采购内容及要求可以自行设计。

【实训目的】

了解办公用品的采购流程。

【实训步骤】

1．将学生分为几组,分别安排采购组、组织及评价组、供货一组、供货二组等。

采购组要负责提供采购要求、制定采购文件;组织及评价组要负责设计采购环节,提供评价方案;供货一组、供货二组要负责模拟不同的品牌商,例如设计一家国内企业、一家国外企业,按照采购流程要求,调研产品市场,给出供货方案。

2．各组分别进行调研,完成各自的材料。

3．进行一次模拟的采购会议,按照流程进行采购。

4．学生在课堂上交流总结,教师进行指导、评价。

第六章 ｜ 企业环境管理

知识目标

◎ 了解企业办公室环境布置的形式和企业室外绿化的原则、措施。
◎ 熟悉企业办公室环境管理和企业室外绿化区域的管理内容。
◎ 掌握"5S"管理的内容和"5S"管理的原则。

能力目标

◎ 能进行企业办公环境维护和调整工作。
◎ 能构建工作区"5S"行为规范。
◎ 能影响和辅助其他员工形成"5S"管理的习惯与氛围。

素养目标

◎ 具备良好的审美情趣与品味。
◎ 认同"5S"管理理念，并贯彻于生活与工作的各个环节。
◎ 维护企业工作环境，具备积极、热情的主人翁意识。

关键词： 企业行政管理，组织结构，岗位要求

知识结构

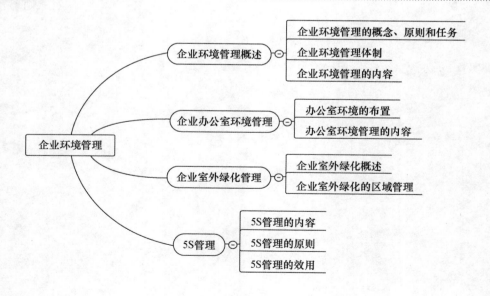

 **案例导入**

加强企业环境管理对公司发展的重要意义

冰冰所在的公司非常重视加强企业环境管理。有一次在公司大会上,董事长阐述了加强企业环境管理对公司发展的重要意义:

第一,重视企业环境管理将为公司带来更为广阔的发展前景。随着全球经济和社会的持续发展,公司必须认识到在环境保护方面肩负的道德义务和社会责任,要预见到市场的变化和巨大需求,实现公司的可持续发展。走在时代前列的公司已不再是被动接受政府的管制和社会的监督,而是主动承担保护环境的义务和责任,从而为公司赢得竞争优势,增强公司的核心竞争力。

第二,加强企业环境管理将为公司带来巨大的经济效益。虽然公司实施环境管理将投入一定的人力、物力和财力,对公司带来一定程度的负担,但是从长远来看,实施环境管理有助于提高公司管理者和员工的环境意识,改善企业形象,减少法律纠纷和环境投诉,便于申请银行贷款、降低保险费、改进工艺、提高技术水平、节能降耗、减少排污收费,还能避免环境事故和环境处罚。遵守环境法律、法规的要求,通过环境方面的竞争优势来赢得客户,消除绿色壁垒提高国际竞争力,扩大市场份额等,最终都将转化为公司巨大的经济效益,是公司发展的必由之路。

 思考:

1. 公司为什么要加强企业环境管理?
2. 加强企业环境管理为什么能赢得竞争优势?
3. 实施环境管理难免要增加投入,该公司为什么还要这么做?

笔记:

....
....
....
....
....

第一节　企业环境管理概述

一、企业环境管理的概念、原则和任务

(一) 企业环境管理的概念

企业环境管理以管理科学和环境科学的技术理论为基础,运用法律、行政、经济、技术和

教育手段，对损害环境质量的生产经营活动加以限制，协调发展生产与保护环境的关系，使生产目标与环境目标统一起来，经济效益与环境效益统一起来，建立一个可持续发展的、优于自然生态系统的新的人工生态系统。

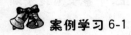 **案例学习 6-1**

什么是绿色企业

绿色企业是指以可持续发展为己任，将环境利益和对环境的管理纳入企业经营管理全过程，并取得成效的企业。绿色企业的主要特征是把生态过程的特点引申到企业中来，从生态与经济综合的角度出发，考察工业产品从绿色设计、绿色制造到绿色消费的全过程，以此协调企业生态与企业经济之间的关系。绿色企业的主要着眼点和目标不是消除污染造成的后果，而是运用绿色技术从根本上消除造成污染的根源，实现集约、高效，无废、无害、无污染的绿色工业生产。

可见，绿色企业比一般企业能更高效地利用资源和能源，以较少的物耗、能耗，生产出更多的绿色产品，并能使在一般企业中被排出厂外的废弃物和余热等得到回收利用，可大大提高绿色企业的循环经济综合效率，而非单纯经济效率或生态效率。绿色企业在经济运行上要求具有高度的开放性，即其绿色原材料和半成品供应、绿色产品设计、资金来源、绿色技术创新、绿色设备和工艺流程改造、绿色产品销售等方面都要对外开放。但绿色企业在其生态运行上要求具有高度的内部封闭性，采取少废料或无废料绿色技术，减少各个生产环节上物质和能量的跑、冒、滴、漏，使废物产量最小化并回收利用，尽可能实现闭路循环。

（二）企业环境管理的原则

（1）环境与经济协调发展原则。企业必须要把企业的经济活动和环境意识、环境责任联系起来，作为企业管理的重要目标，做到全员教育、全程控制、全面管理。

（2）符合国家和区域环境政策。企业必须遵守国家和企业的环境政策，包括环境战略要求、环境管理的总体目标和环境标准等规范。企业环境管理的目的是改善区域环境质量，因而企业环境管理必须符合区域环境规划的要求。

（3）"预防为主，管治结合"原则。企业必须最大限度地控制和减少污染物的发生量，并且对排放的污染物进行达标排放的净化处理；推行清洁生产技术。

（4）信息公开原则。企业要有效地运用技术、宣传、管理、经济等手段公开企业环境的指标数据。其中，提高全员的环境意识和素质是企业环境管理的首要条件，依靠科技是企业环境管理的基础条件，健全组织和各种经济责任制是企业环境管理的保证条件。

（三）企业环境管理的主要任务

（1）制定企业环境保护规划，协调发展生产与保护环境的关系。

（2）建立和执行企业环境管理制度。贯彻执行国家和地方的环境保护方针、政策及各项规定，建立和督促执行本企业的环保管理制度。

（3）进行环境监测。掌握企业污染状况，对环境质量进行监督，分析和整理监测数据，及时向有关领导及部门通报有关监测数据，对污染事故进行调查，提出处理意见。

（4）遵守国家和地区环境规范。这包括遵守国家和区域环境保护的总体要求、环境污染排放标准等,实行清洁生产,充分利用资源与能源,做好"三废"综合利用。

（5）组织开展环境保护技术研究。这包括资源利用技术、污染物无害化、废弃物综合利用技术、清洁生产工艺等。

二、企业环境管理体制

（一）企业环境管理体制的概念

企业环境管理体制是指企业内部为了实施有效的环境管理,从企业领导、职能科室到各层单位,对其在环境管理方面的职权范围、责任分工、相互关系的结构和规定。

企业环境管理体制的作用在于明确企业内部各方在企业环境保护方面的责、权、利,以及它们之间的相互关系和相互协调方式。

（二）企业环境管理体制的特点

（1）企业生产的领导者同时也必须是环境保护的责任者。

（2）企业环境管理要与企业生产经营管理紧密结合。企业环境管理具有突出的综合性、全过程性及专业性等特点。

（3）企业环境管理的基础在基层。

（三）企业环境管理机构

企业环境管理机构一般应包括综合管理、环境监测和环境科研。企业环境管理机构是企业管理工作的职能部门,具有以下三项基本职能:

（1）组织编制环境计划与规划。

（2）组织环境保护工作的协调。

（3）实施企业环境保护的监督、检查。

 知识链接 6-1：企业环境管理规章制度

三、企业环境管理的内容

企业环境管理的内容包括企业外部环境管理和企业内部环境管理两个方面。

（一）企业外部环境管理

1. 企业外部环境管理的定义

企业外部环境管理是指企业作为管理对象由其他管理主体所进行的管理。一般来说,"其他管理主体"主要是指政府职能部门,包括国家以及各级地方政府的环境保护机构,他们依据国家的政策、法规和标准,采取法律、经济、技术、行政和教育等手段,对企业实施环境监督管理。

2. 企业外部环境管理的内容

企业外部环境管理包含企业建设过程的环境管理、企业生产过程的环境管理以及企业自身环境管理体系的环境管理三个方面的内容。

（1）企业建设过程的环境管理。

① 筹划立项阶段。

企业建设过程的环境管理的主要任务是妥善解决建设项目的合理布局，制定恰当的环境对策，选择有效地减轻对环境不利影响的措施。其主要内容有：依据国家、政府或主管职能部门的政策和法律规定进行企业建设项目的环境保护审查；进行企业建设项目环境影响评价，把环境影响评价纳入企业建设发展管理的全过程；在企业建设项目的环境审查和环境影响评价基础上，政府职能部门对企业建设项目的选址及污染防治措施等环境对策的实施原则，提出明确的审查意见。

② 设计阶段。

企业建设过程的环境管理工作的中心任务是将建设项目的环境目标和环境污染防治对策转化成具体的工程措施和设施，进行环境保护设施的设计。其主要体现在两个方面：

一是在生产工艺设计中，要体现清洁生产和产品生命周期分析的思路，尽量选用高效率、少排污的先进工艺和设备，采用无害、无毒或低害的原料路线和产品路线。

二是在环保设施设计方面，首先要保证生产排放的污染物净化或处理效果达到排放标准，并要求环境保护设施能长期稳定运行、无害化和综合利用。

③ 施工阶段。

一是督促检查环境保护设施的施工，二是注意采取行之有效的防护措施。

④ 验收阶段。

验收环境保护设施的完成情况，必须有环境保护部门参与，而且环境保护设施必须与主体工程一起进行验收。

（2）企业生产过程的环境管理。

生产过程的环境管理主要包括对污染源的管理和环境审计。

① 对污染源的管理。

➢ 浓度控制：监控企业污染物排放是否符合国家及地方法定的排放标准。

➢ 总量控制：为了使某一时空范围的环境质量达到一定的目标标准，控制排污单位排放总量的环境管理手段。

➢ 落实环境影响评价：即对环境影响报告书中环境保护措施的落实和跟踪，对资源开发利用项目，要做好开发后的回顾性评价。

➢ 排污收费：根据污染者付费原则，制定合理的排污收费政策，做好排污收费工作，以促进企业治理污染，并由此带动企业内部的经营管理。

② 环境审计。

环境审计是指审计机构接受政府授权或其他有关机关的委托，依据国家的环保法律、法规，对排放污染物的企业的污染状况、治理状况以及污染治理专项资金的使用情况，进行审查监督，并向授权人或委托人提交书面报告和建议的一种活动。

（3）企业自身环境管理体系的环境管理。

为促进企业实施持续改进的环境管理体系，有必要对企业的环境管理体系进行外部管理。这种管理主要是有关机构对企业环境管理体系进行审核。

① 环境管理体系审核：它是指客观地获取审核证据并予以评价，以判断一个企业的环

境管理体系是否符合该企业所规定的环境管理体系准则的一个系统化、文件化的核查过程。

② 环境管理体系审核的内容：明确企业环境管理体系对环境管理体系审核准则的符合情况；体系是否得到正确的实施与保持；内部管理评审过程是否足以确保环境管理体系的持续适用与有效。

（二）企业内部环境管理

企业内部环境管理是企业作为管理主体对自身的环境问题进行管理，包括以下三个方面：

（1）生产过程产生污染物的末端治理，主要是在合理利用环境自净能力的前提下，企业利用各种治污技术对产生的污染物进行厂内治理，以达到国家或地方规定的有关排放标准及总量控制要求。

（2）推行清洁生产，从转变生产方式的角度对以产品为龙头的产品形成、包装运输、消费及消费后的最终出路的全过程进行环境管理。

（3）建立内部的管理规章制度体系，企业内部的环境管理体系是企业环境管理行为的系统、完整、规范的表达方式。

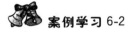 **案例学习 6-2**

加强环境管理，建设绿色企业

××化工有限公司按照环评报告及环评批复，项目在设计、建设、试生产期间，坚持环保设施"三同时"的原则，所有的环保设施均投入正常运行，且运行效果良好，污染物达标排放。公司本着高度的责任感、强烈的忧患意识和长远的发展观念，非常重视环保工作，明确制定了"切实把安全环保作为企业一切工作的出发点和落脚点"的工作方针，各项环保设施运行正常，所有固体废料得到妥善处置或回收利用，废水、废气完全实现达标排放，全面完成污染减排目标，确保了区域环境的安全。

第二节　企业办公室环境管理

随着现代化进程的加快，企业的办公水平逐渐提高，对企业办公环境的要求也越来越高。办公环境是指企业行政部门工作所处的自然环境，是由办公室布置、办公室卫生环境、办公室绿化环境以及室内光线、空气、颜色、声音等因素综合形成。加强办公环境管理可以保证员工有一个健康、舒适的工作环境，使员工身体健康、心情愉悦，进而提高工作效率。

一、办公室环境的布置

（一）办公室环境的布置原则

办公室环境的布置不是简单地摆放设施，还需要考虑企业员工在办公室工作的舒适感、与办公环境的协调，以及有利于企业员工之间的沟通和监督等因素。一般来说，企业办公室环境的布置应遵循以下几个原则：

1. 有利沟通

沟通是通过员工之间思想、信息的传递和交换，使员工在目标、理念、意志、兴趣、情绪、感情等方面达到理解、协调一致。因此，办公室环境布置应保证企业员工之间充分沟通，来实现信息及时、有效地流转，以及企业内各部门协调地运行。

2. 便于监督

办公室是集体工作的场所，上下级之间、同事之间既需要沟通，也需要相互督促、检查。每个员工在经历、学问、性格等方面有差异，有各自的优点和特长，加强同事之间的相互监督，有利于扬长避短。因此，办公室环境的布置应有利于在工作中相互督促、相互提醒，从而把工作中的失误减少到最低限度。

3. 协调、舒适

办公室环境的布置应尽量协调、舒适。协调是指办公室环境的布置和办公室员工之间配合得当，办公室内设备的空间分布、墙壁的颜色、室内光线、空间的大小等与企业工作特点、性质相协调。舒适是指员工在布置合理的办公场所中工作时，身体各部位没有不适感，或不适感最小。

（二）办公室环境的布置形式

办公室环境的布置主要有封闭式、开放式两种基本形式。

1. 封闭式

封闭式办公室是由一系列小办公室组成，小办公室通过回廊连接。每间小办公室只有少数职员，办公工作在各间小办公室里完成。封闭式办公室的好处是各种工作互不干扰，并能形成一种紧密的工作群体。封闭式办公室的存在有以下两个目的：可以执行一些保密性工作；可以执行一些需要最大限度地进行集中处理的工作。

2. 开放式

开放式办公室是由一块大而连续的空间组成，在这个空间里有许多不同部门、办公家具和办公设备，相互之间完全没有隔墙。开放式办公室主要有以下优点：

（1）由于没有隔墙和门，节约了大量空间，因此，办公室职员可以在办公室里更自由地走动，有利于不同部门之间的工作联系。

（2）信息沟通更加容易，内部电话的使用频率降低，相应地减少了打电话产生的噪音。

（3）能观察到所有或大部分职员的工作情况，便于监督，管理。

（4）由于没有隔墙，办公室环境管理更富有弹性，搬动办公家具和办公设备、重新安排各部门的位置也比较容易。

（5）提供了一个顺畅的工作流程，各种信息和文书能顺利地从一个地方传到另一个地方。

（6）照明与取暖更容易，安装费用低，整体的经营管理费也更低。

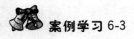 案例学习 6-3

抚慰身心的办公场所

通过环境去激发、塑造员工的行为和情绪变得越来越流行。在办公场所里设置内部咖啡厅和其他非正式的聚会场地成为惯例，在这类地方喝杯咖啡，意义远远超乎品尝饮料本身。企业不再一味追求生产力，而是通过创造办公空间的体验来影响员工的行为。比如利用日光、视野、通风、露台等，将大自然带入办公室，比如从建造之初就定位于绿色建筑的办公楼，比如建造三个温室盒子的亚马孙。

理论联系实际

　　用照相机拍摄自己实地考察的企业的办公室环境布置的情况。在课堂上用图片交流、讨论一下：这种办公室环境布置属于封闭式的还是开放式的？为什么企业的办公室环境布置要采取这种方式？企业这样布置办公室环境有什么优缺点？

记录：

....

....

....

....

....

....

....

二、企业办公室环境管理的内容

　　办公室环境管理的内容比较广泛,主要是指办公室环境的建设,包括空气环境、颜色环境、光线环境、声音环境、绿化环境等。做好办公室环境管理工作,不仅可以为员工提供一个舒适的工作环境,振奋员工精神,提高工作效率,而且能够给客户、外来贵宾及参观者留下深刻而美好的印象,这本身就是企业的一种无形资产,间接地创造着经济效益。

　　（一）空气环境管理

　　空气环境的好坏,对企业员工的行为和心理都有影响。因此,室内通风与空气调节对员工提高工作效率是十分重要的。空气环境管理是以空气温度、湿度、清洁度和流动速度四个参数来衡量的,称为空气环境管理的"四度"。

　　1. 温度管理

　　空气温度的高低对人的舒适和健康影响很大。办公室的温度一般冬季在 $20℃\sim22℃$,夏季在 $23℃\sim25℃$ 之间为最宜。温度过高,会使人频频出汗、烦躁难忍,造成人体内部热量不能及时散出;温度过低,又会使人体热量散出过多。不管哪种情况,都会使员工感到不舒服,严重者还会引起中暑或感冒,造成健康或工作损失。因此,为方便调节温度,企业在办公室可以统一安装空调。企业在空气环境管理中还要充分考虑到绝热问题,这样可以提高空调效率,节约能源。例如：通过在建筑物的中空墙壁或在墙壁和房顶的建筑材料中加入绝热材料;采用双层玻璃窗(两层玻璃,中间夹着一层空气)也可以防止热量散失。

　　2. 湿度管理

　　湿度是影响办公室空气环境的一个重要参数。对于办公室工作人员来说,适当的空气湿度能振奋精神、提高工作效率,并能创造理想的工作环境。办公室相对湿度(相对湿度是指气体的绝对湿度与在同一温度下,水蒸气已达到饱和的气体的绝对湿度之比)一般控制在

40%～60%之间,保持在最佳状态是50%左右。在这个湿度范围内工作,员工会感觉清凉、爽快、精神振作。所以,在比较干燥的季节,办公室可通过湿度调节器来加大空气中的湿度;在比较潮湿的季节,办公室可以通过抽湿机来减小空气中的湿度。

3. 清洁度管理

空气的清洁度是表示空气的新鲜程度和洁净程度的物理指标。空气的新鲜程度是指空气中氧的比例是否正常。清洁、新鲜的空气环境有益于办公室人员的健康,并可以使一些高灵敏度的设备更良好地运转。新鲜的空气使人精神焕发,工作效率高;污浊的空气则使人身体不适,影响情绪,降低效率。安装完整的空调系统,可以净化空气,排除空气中有损健康的成分,如灰尘、臭气等。为了减少办公室的污染,办公室内应禁止吸烟,如有必要可设立专门的吸烟室。

4. 流通速度管理

更换室内的空气是通过空气流动来实现的。一般来说,在室温为22℃左右的情况下,空气的流速在0.25米/秒时,人体能保持正常的散热,并有一种微风拂面之感,感到舒适。通风的关键是既保持空气流通,又不产生穿堂风。为了达到这一目的,在办公室环境布置时既要注意控制气流的速度,又要注意选择通风的方法。常开窗能起到换气、使空气对流的作用。

 课堂讨论

（一）资料

现代办公室的空气质量令人担忧

办公室工作人员面对工作场所中不断增加的扰人的压力源——干燥和质量差的空气。

使得办公室空气干燥的原因之一是电脑。办公室电脑会产生热气,热空气会汲取水气,无论水气来自哪里:眼睛、鼻子、喉咙,以及在办公室工作的人的皮肤。大多数办公室都需要增加湿度来弥补电脑导致的干燥情况。这可以简单地通过加湿器得到解决,但是环境专家警告人们,加湿器自身也存在危险。它们就好像制造霉菌的工厂,因此需要定期清洁。

但是造成办公室空气质量差的主要原因是近乎密闭的现代办公大楼。在美国,很多大楼是在20世纪70年代拔地而起的,通过把大自然关在门外而设计成节能型。窗户是密封的,进口安装了旋转门,这样可以将自然通风最小化;另外,空气还会通过机械系统在大楼内再循环。

20世纪70年代,为了应对能源危机,办公室新鲜空气的推荐标准被美国加热冷冻及空调工程师协会降低了。大楼的所有者高兴地遵守着被降低的标准,节省了能源,这在当时既"爱国"且"经济"。但是,在如今这个能源充足的环境中,这个标准不仅阻止新鲜的户外空气进入大楼,而且还把污染物困在了室内。

根据美国政府的估计,7000万在室内工作的美国人中,大约有三分之一呼吸着比户外空气污染程度重两倍的室内空气。

（二）讨论

1. 在办公室里你有胸闷、头晕之感吗?你是否时常觉得嗓子不适?你是否越来越感觉浑身乏力?这些均是所谓"办公楼综合征"的症状,尽管研究者认为该症状的归因有多种可能(例如工作压力等),但越来越多的人将视线瞄向办公室一族的工作环境。请检查自己所在的企业或学校的办公室环境,调查自己所在企业或学校办公室工作人员是否有上述症状?

2. 调查了解自己所在企业或学校的办公室空气环境状况:空气温度、湿度和流通速度是否符合人体舒适度的要求? 企业是否设有吸烟室吸烟? 办公室的窗户是否能打开? 并讨论改进企业办公室空气环境状况的办法。

3. 调查了解自己所在企业或学校的办公室的光线环境状况:有无自然采光? 是否有透光的窗户? 并讨论改进企业办公室光线管理的办法。

要点:

....
....
....
....
....
....
....
....
....
....

(二)颜色环境管理

颜色具有很强的感染力和吸引力,可直接影响办公室员工的心理活动和工作行为。实践证明,如果能有效地管理颜色环境,将:有助于减少企业员工的疲劳,保护其视力,提高其辨别事物的速度;有助于给企业员工带来良好的感受,帮助其建立与工作需要相适应的情绪,减少工作中的差错,提高工作效率。

办公室的色调应在员工的生理反应方面接近中性,这样能给人以平静感,有利于保护视力。为此,适合以绿色、黄色、白色作为基本色,房间的颜色不要单一或让一种色调占主要地位,而应使天花板、墙围、墙壁、地面的色调有所不同,较亮者在上,较暗者应置于下方。同时,办公室的颜色环境,可根据不同地区及办公室的不同用途,而采用不同的颜色。气温高、天气热的地区,办公室宜采用冷色,如绿色、蓝色、白色、浅灰色等;气温较低的地区,宜采用暖色,如橙黄红、灰色等。按工作性质,研究、思考问题的办公室,宜采用冷色;会议室、会客室宜采用暖色。办公室人员还可以利用颜色的配色原理,调制出最适合本企业、本部门的颜色。

(三)光线环境管理

光线环境管理可以为员工提供有效的、舒适的照明和安全的工作区域,有助于提高舒适感,并建立一个从审美角度能引人注目的工作区。办公室的光线环境管理一般包括以下两个方面:

1. 光线的质和量管理

一般而言,光线的质和量都需要考虑,企业应为员工提供一个视觉上舒适,既不炫目也不昏暗的工作区,营造一种吸引人的气氛。由于光线的质和量直接受光线明亮程度的影响,因此光线的明亮程度必须适度并得以保持。光线的质和量是比较专业的问题,因此企业可以在办公室环境规划过程中,聘请专业设计人员参与设计。

2. 光的来源管理

办公室内的光源一般有两种:自然光与人造光。自然光是指阳光,阳光直接照射会使人产生炫目、不适感和视觉疲劳,并使办公室温度升高;但如果使用沉重的帷幕、软百叶帘或隔板会使自然光无法进入办公室。为了尽可能多地利用自然光,应采用薄窗帘与窗纱,这样既可以使光线进入室内,又可以使直射阳光偏斜,减少炫目。在人造照明系统中可利用白炽灯、荧光灯与高强度放电灯等提供办公照明。由于在办公区照明范围大,最好选择照明强度适中,但又能灵活控制、相对节能的照明系统。

（四）声音环境管理

声音环境管理对于营造办公室气氛、提高员工工作效率意义重大。一般来说,在安静的环境中工作,其效率往往比较高;在嘈杂的环境中处理问题,往往会分散精力,影响工作效率甚至造成判断失误。尤其是对写文稿一类复杂的脑力劳动,注意力需高度集中,而各种噪声往往造成员工的情绪波动、思路中断,影响工作的正常进行。办公室的理想声强值为20~30分贝,在这个声音频率范围内工作,会感到轻松愉快,不易疲劳。声音环境管理的主要内容是办公室噪声的控制,主要是指把噪音保持在一个适当的范围之内,以保证良好的听力和谈话不受干扰。声音环境管理主要集中于两个方面:消除噪声的来源和使用吸音材料以减少噪声。一般来说坚硬的表面反射声音,而柔软的表面吸收声音。可以采取以下噪声控制措施:

（1）将嘈杂部门置于偏远的角落里,如将印刷部门、打字人员与要求精力集中的部门分开。

（2）使用吸音板减少干扰以提高隐蔽程度并挡住传来的声音。

（3）科学设计工作流程,减少人员走动量。例如,把工作任务密切相关的工作人员安排在一起,把机器放在使用机器的人员旁边。

（4）在墙壁、家具、天花板和用于美化办公室的隔墙上使用吸收声音的覆盖物。例如,家具和办公室的内隔墙使用厚的织物,地上用地毯,天花板用吸音砖。

 课堂讨论

（一）资料

办公室噪声很伤人

办公室噪声正日益成为办公室人员健康的新威胁,越来越多的办公室内的声音量值,超过了国家规定的标准。更加让人担忧的是,这种威胁因没有引起足够的重视,正在成为一个"隐身杀手"。

据报道,外面的车辆声、遥远的电钻声、不断的电梯铃声以及同事耳机里传出的细小声音,这些存在于我们周围的噪声都会对我们的工作和健康产生重要影响。专家指出,耳朵会把接收到的声波传送到颞叶,而颞叶是大脑中能够判断声音是否不必要、不愉快或令人不安的部分。最近有越来越多的研究指出,科研学术发展的滞后与航线、铁路、公路附近的噪声有关。世界卫生组织开展的研究表明,居住在有交通噪声地方的孩子们,其语言和认知能力更差,阅读成绩更低。

（二）讨论

1. 请考察你所在的学校或企业,了解其是否存在办公室环境噪声污染。如果有,请列举有哪些办公室环境噪声污染。

2. 请讨论一下:如何才能减少企业办公室的环境噪声污染?

记录:

_____

_____

_____

_____

_____

_____

_____

提示:希望环保部门能为办公室环境抑制噪声立法、立标,保护白领一族。办公室应及时更换噪声比较明显的风扇、灯管;预计一段时间内不使用的电脑、音箱和电器,应及时关机断电。

（五）卫生环境管理

卫生环境管理是对企业办公区域环境的公共区域的清洁管理,是企业办公室环境建设的主要内容。办公室环境清洁、美化,可以反映一个企业的精神面貌,使其在公众中树立良好的形象。企业要经常清洁公用打印机、复印机周围,发现有废纸等杂物要及时清理;在办公室内要保持:公用桌子桌面整洁、干净,地面无废弃物、无水迹,茶具清洁、整齐,公用的文件柜、书架和物品柜中的东西井然有序;由专人负责经常清理的接待区或者会议室,应在访客离开或者会后立即清理,保证在下一个访客或会议前又有一个清洁、整齐的环境。

为保证企业拥有持续健康的卫生环境,企业办公室环境卫生管理一般应遵循以下两个原则:

1. 减少污染

"先污染后治理"的做法在企业发展中往往会造成不可挽回的经济损失,而且先期的过多污染会给后期的清洁工作带来许多困难。因此,保持良好的工作环境,做好清洁卫生工作的基本前提是在企业工作中尽可能地减少污染。

2. 重在保持

在企业中应提倡"爱护环境,人人有责"的理念,从企业领导到员工都应自觉遵循企业的卫生工作规章,维持企业办公环境的清洁卫生。

（六）整洁环境管理

1. 设备物品放置得当

（1）办公桌面要保持干净,办公桌大小要适中,以足够放置常用的办公用品,并有空余的位置进行工作为好。要安排好办公桌上的东西,将最常用的物品,如电话、文具盒、便笺等,放在不必起身就可以伸手拿到的地方,离办公桌不远的地方则可放置常用的参考书和文件盒。办公桌应尽可能少放东西,桌上所放的材料应以够用为度。办公桌的抽屉里,可以排列有序地放好信封、公文纸、订书机、复写纸、胶水、涂改液等。

（2）常用的文件夹应该整齐地叠放在桌边或直立在文件架上,同时要按照一定的方法予以分类管理;并注意保密文件和不常用的文件要按照要求存放在安全的地方或者文件柜里面。

（3）办公自动化设备,如计算机,一般应有自己的独立摆放空间,与设备有关的资料和参考书等也都应放置好。如果办公室的其他人员也需要使用这些设备,放置时既要方便他人使用,又不打扰自己的工作。

2. 公用物品摆放有序

文件柜里面的公用文件要按照管理制度严格管理,便于各个部门人员利用;公用办公用品柜中的物品也要放置规范,通常重的、大的放下面,轻的、小的放上面,便于取用;一些常用的公用物品,如电话号码本、航班表、火车时刻表、字典等按办公室要求放在可以方便取阅的地方;接待区为来访人员准备的宣传品、资料以及报纸、杂志应整齐地摆放,并要及时更新和整理,保持良好的对外形象。

 知识链接 6-2：德勤“边缘”大楼：绿色智能办公环境

第三节　企业室外绿化管理

企业的室外环境主要依靠植物绿化进行美化,尤其在生产型企业,厂区面积较大,存在大面积或零星的空地,因此,合理地进行室外环境的绿化,既可以给员工创造舒适的工作空间,还能有效地减少生产带来的噪声、粉尘、细菌等影响环境的不良因素。

一、企业室外绿化概述

绿化,是指在企业室外种植植物,改善环境。企业室外应绿树成荫、芳草铺地、花木繁茂。它不仅能点缀、美化环境,而且是调节周围气温的有效方式。绿色象征和平与生机,使人产生安全感,并使人奋发向上。搞好企业室外的绿化管理,不仅能美化企业,吸收有害气体,改善环境条件,而且能为员工创造一个健康、舒适的生产环境,可以有效地提高劳动生产率。同时,绿化也可以反映企业的管理水平和员工的精神风貌。

（一）企业室外绿化的常见植物

常用的绿化植物主要包括草皮、花卉、灌木、乔木这几种,它们主要的绿化作用各有不同,企业在进行室外绿化时主要是根据需要来组合搭配。

1. 草皮

成片生长的草皮的叶面面积是其占地面积的 10 倍,可以防止灰尘再起、减少细菌,还可以防止水土冲刷。草皮贴近地面,不会遮挡视线,还可以使企业看起来视野开阔。

2. 花卉

花卉的色彩丰富,有很好的视觉效果,可以用来形成景观,利用花盆栽种的花卉还可以摆放成不同的图案。花卉有一定的花期,在花卉凋落时也可能影响企业环境。

3. 灌木

它是指那些没有明显的主干、呈丛生状态的树木。密集种植的灌木可以形成"立体草坪"的效果,成为绿化的背景。灌木有很好的降噪效果,而且抗旱、抗虫能力强,绿化的管理成本低。

4. 乔木

是指有一个直立主干,且高达 5 米以上的木本植物。通常见到的高大树木都是乔木,如木棉、松树、玉兰、白桦等。乔木的防尘、防风、遮阴、调节空气的作用都很显著,景观效果也很好。由于乔木生长慢、寿命长、移植困难等特点,其价值也比较高,企业需要加强管理。

（二）企业室外绿化的意义

企业室外的绿化建设是企业综合实力的外在表现,体现着企业的外部形象。搞好企业室外的绿化,具有特殊的意义:

1. 美化环境,树立企业形象

企业室外绿化是企业总体平面图的一个重要组成部分,绿化对企业的建筑、道路、管线有良好的衬托和遮挡作用。乔木、灌木、花草木一年四季的变化,不仅使企业千姿百态、景观丰富,也让员工感到富有活力、陶冶心情。同时,绿化可反映企业的管理水平和员工的精神风貌,也能为企业树立良好的形象,从而增加客户的信任感。

2. 改善工作环境

企业室外环境的好坏,直接影响到员工的身心健康和劳动能力。绿化能消除或减弱对人体神经系统的不良刺激。植物的绿色对人的心理有镇静作用。据资料介绍,员工在企业劳动 4 个小时后到树木花草环境中休息 15 分钟,就能恢复体力。因此,环境绿化能提高生产率,减少工伤事故。

3. 改善生态环境

绿色植物能吸收二氧化碳,释放氧气,吸收有害气体,还能吸收放射性物质、烟尘和粉尘。一般来说,草坪地区比裸地地区上空的含尘量少 $2/3 \sim 5/6$。

（三）企业室外绿化的原则

室外绿化是一项综合性很强、十分复杂的工作,关系到企业各区、各建筑物、各车间内外环境的好坏,所以,企业绿化时应遵循以下原则:

（1）满足环境保护的要求,把保证企业的生产安全放在首位。企业在室外绿化时,要充分考虑建筑朝向、门窗位置、风向等因素,充分满足企业厂区车间通风和采光的要求。在管线复杂区域,不但要考虑植物与地下管线和空中线路的最小净间距,还要考虑植物的耐修剪程度,以不影响空中电缆和地下管线的安全生产为原则;并要合理选配树种,达到防火、防爆、安全生产的要求。

（2）合理开辟绿化面积,充分保证绿化覆盖率。由于企业用地紧凑,因此要以最小的用地获取最大的绿化覆盖率,就要充分利用每一块地,做到"见缝插绿",开辟多种形式的绿化,以提高绿化率,使绿化率达到国家指标要求。企业在室外绿化时,首先要对企业的自然条件以及企业的性质、规模、污染等进行充分的调查,确定适生植物种类,优先使用乡土树种,确定骨干树种。

（3）做到规划与建筑主体相协调,统一规划,合理布局,形成点、线、面相结合的企业绿化系统。

（四）企业室外绿化的措施

（1）推行垂直绿化。由于企业的用地面积紧张，所以要推行垂直绿化。垂直绿化就是利用植物的高低分布使绿化由平地向上下空间拓展。种植攀缘植物、灌木与乔木混合种植等都是垂直绿化的有效方法。

（2）选择有多种防护功能的绿色植物。由于多数企业的空气、水质、土壤等条件较差，甚至有不同程度的污染，所以企业要因地制宜地选择适应当地气候、土壤、水分等条件的乡土树种或是经过长期考验已适应当地自然条件的外来树种，以便改变企业的环境质量。

（3）配置植物时要选择耐阴植物。由于企业室外的建筑一般较大，在密集的工业建筑物的北侧，光照条件差，常形成浓阴区，所以要选择耐阴植物，并注意栽种，以保持植物成活生长。

 课堂讨论

（一）资料

××化工厂开展厂区绿化工作

××化工厂新的领导班子自成立后，以构建和谐生态、绿色生态为目标，在厂区内深入开展了一系列绿化植树活动。通过精心组织，周密安排，认真落实植树及绿化工作，经过全厂员工的艰苦努力和辛勤劳动，改变了过去厂区环境一片死寂消沉的灰色格调，焕发出红瓦绿树、花木繁盛的蓬勃生机。

厂区绿化的实质，就是美化自己的家园，塑造优雅、怡人的工作空间，也是化工厂文明进取的标志。通过厂区绿化工作，让全体员工在厂区的各个角落都能感受到亲近大自然的快乐，让每一位员工都能够在灿烂的阳光下，尽情地享受春天般的温馨，健康、快乐地工作和学习。

（二）讨论

1. 上述这家企业的绿化管理有哪些值得学习的地方？

2. 探讨一下自己所在企业或学校的绿化管理有什么问题。

3. 结合自己企业或学校的实际情况，谈谈如何加强企业或学校的绿化管理。

要点：

二、企业室外绿化的区域管理

(一)企业门前区域的绿化管理

企业门前区域在一定程度上代表企业的形象,体现企业的面貌,是企业员工上下班集散的场所,是给宾客参观带来第一印象之处。这一区域的绿化应种植观赏价值较高的常绿树,也可布置色彩绚丽、姿态婀娜、气味香馥的晚香玉、百合、牡丹、月季、紫薇等花卉。水源方便的企业还可以在企业中心设置喷水池、假山石等。企业门前的绿化要方便交通,与建筑的形体,色彩相协调。在林荫大道上选用冠大荫浓、生长快、耐修剪的乔木做遮阴,或配以修剪整齐的灌木绿篱,以及色彩鲜艳的宿根花卉,可给人以整齐、美观、明快、开朗的印象。

(二)生产区的绿化管理

生产车间是企业的主体,应是企业室外绿化的重点,该区的绿化应以满足功能上的要求为主。不同性质的生产车间,可因绿化面积的大小而异。高温车间周围的绿化,应充分利用其附近空地,广泛栽植高大的落叶乔木和灌木,以构成浓荫蔽日、色彩淡雅、芳香沁人的凉爽、幽静环境,便于员工消除疲劳。为便于防火,应不种或少种针叶类及含油脂的树种。对产生污染物和噪音等有害物质的厂矿车间,应选择生长迅速、抗污染能力强的灌木和乔木进行多行密植,形成多层次的混交。有条件的企业应留有绿化带空地。在绿化管理时,道路旁应选用没有花粉、花絮飞扬的树木整齐栽植,其余空地可大面积铺栽草坪,适当点缀花卉、灌木,利用绿色植物来净化空气,增加空气湿度,减少尘土飞扬,形成空气清新、环境优美的工作环境。

(三)水源地的绿化管理

许多企业除生活用水及消防用水外,生产用水量也很大,尤其是一些特殊工业企业本身有贮水池及河、湖等,绿化的要点是:一要保护水源的清洁卫生;二要通过水源的绿化处理,大大改善企业的环境。尤其是企业污水处理场的绿化,要选择抗菌性强的树种,即能吸收有害物质的水生植物,如水葱、田蓟、芦苇等可杀死水中细菌。利用处理净化后的废水可浇花、养鱼,这样不仅能绿化环境,而且还能通过植物对环境污染和治理的效果进行生物监测。

(四)企业内道路绿化管理

企业内道路是连接内外交通的纽带,员工上下班人流集中,车辆来往频繁,地上、地下管道、电线纵横交叉,都给绿化带来了一定的困难。道路绿化应满足庇荫、防尘、降低噪音,交通运输安全及美观等要求,乔木以 7~10 米高为宜。一般道路在两侧对称地栽树效果较好;如果道路狭窄不能两侧都栽树或者一侧管线太多时,可采用在道路一侧绿化的方式;如果路较宽,车行道和人行道能分开时,可以设计成多种形式以突出绿化效果。为了保证行车和行人及生产安全,道路绿化要明确厂内道路交叉、转变地点的非植树区最小距离,树木与建筑物、道路、地下管线的最小间距。要充分发挥植物的形体、色彩美,有层次地布置好乔木、灌木、绿篱、花卉,形成既壮观又美丽的绿色长廊。

(五)企业建筑物绿化管理

在企业的食堂、礼堂、医疗室的建筑物周围,可以种植花草或低矮植物进行绿化,这样的绿化视线开阔，能使员工心情愉悦；同时可利用花架、假山、走廊等小景，供人休闲、纳凉等。

第四节 "5S"管理

"5S"是整理（Seiri）、整顿（Seiton）、清扫（Seiso）、清洁（Seikeetsu）和素养（Shitsuke）这5个词的缩写。因为这5个词在日语中罗马拼音的第一个字母都是"S"，所以简称"5S"。实施以整理、整顿、清扫、清洁和素养为内容的管理，称为"5S"管理。

"5S"管理起源于日本，管理的对象是现场的"环境"，是对生产现场环境全局进行综合考虑，并制订切实可行的计划与措施，从而达到规范化管理。"5S"管理的核心和精髓是修身，如果没有职工队伍修身的相应提高，"5S"管理就难以开展和坚持下去。

一、"5S"管理的内容

（一）整理（Seiri）

整理就是把要与不要的事、物分开，再将不需要的事、物加以处理，这是开始改善生产现场环境的第一步。其主要目的是：改善和增加作业面积；确保工作环境无杂物、行道通畅，提高员工工作效率；减少员工磕碰的机会，保障员工安全，提高工作质量；消除管理上的混放、混料等差错事故；有利于减少库存量，节约资金；改变作风，提高员工工作情绪。

整理的要点主要有以下几个方面：

（1）对生产现场环境的现实摆放和停滞的各种物品进行分类，区分什么是现场需要的，什么是现场不需要的。

（2）对于现场不需要的物品，诸如用剩的材料、多余的半成品、切下的料头、切屑、垃圾、废品、多余的工具、报废的设备、员工的个人生活用品等，要坚决清理出生产现场。这项工作的重点在于坚决把现场不需要的东西清理掉。

（3）对于企业生产车间里各个工位或设备的前后、通道左右、厂房上下、工具箱内外，以及车间的各个死角，都要彻底搜寻和清理，达到现场环境无不用之物。坚决做好这一步，是树立好作风的开始。

（二）整顿（Seiton）

整顿就是把需要的人、事、物加以定量、定位。通过前一步整理后，对生产现场需要留下的物品进行科学、合理的布置和摆放，以便用最快的速度取得所需之物，在最有效的规章、制度和最简捷的流程下完成作业。

整顿的要点主要有以下几个方面：

（1）物品摆放要有固定的地点和区域，以便于寻找、消除因混放而造成的差错。

（2）物品摆放地点要科学、合理。例如，根据物品使用的频率，经常使用的东西应放得近些（如放在作业区内），偶尔使用或不常使用的东西则应放得远些（如集中放在车间某处）。

（3）物品摆放目视化，使定量装载的物品做到过目知数；摆放不同物品的区域采用不同的色彩和标记加以区别。

（三）清扫（Seiso）

清扫就是把工作场所打扫干净，设备异常时马上有人修理，使之恢复正常。生产现场在生产过程中会产生灰尘、油污、铁屑、垃圾等，从而使现场变脏。脏乱的现场会使设备精度降低、故障多发，影响产品质量，使安全事故防不胜防；脏乱的现场更会影响人们的工作情绪，使人不愿久留。因此，必须通过清扫来清除那些污物，创建一个清洁、舒畅的工作环境。

清扫的要点主要有以下几个方面：

（1）自己使用的物品，如设备、工具等，要自己清扫，而不要依赖他人，不增加专门的清扫工。

（2）对设备的清扫，着眼于对设备的维护、保养。清扫设备要同设备的点检结合起来，清扫即点检；清扫设备要同时做设备的润滑工作，清扫也是保养。

（3）清扫也是为了改善。当清扫地面发现有飞屑和油水泄漏时，要查明原因，并采取措施加以改进。

（四）清洁（Seikeetsu）

清洁就是在整理、整顿、清扫之后要认真维护，使现场保持完美和最佳状态。清洁是对前三项管理的坚持与深入，从而消除发生安全事故的根源，创造一个良好的工作环境，使员工能愉快地工作。

清洁的要点主要有以下几个方面：

（1）车间环境不仅要整齐，而且要做到清洁卫生，保证工人身体健康，提高工人劳动热情。

（2）物品不仅要清洁，而且工人本身也要做到清洁，如工作服要清洁，仪表要整洁，及时理发、刮胡须、修指甲、洗澡等。

（3）工人不仅要做到形体上的清洁，而且要做到精神上的"清洁"，待人要讲礼貌、要尊重别人。

（4）要使环境不受污染，进一步消除混浊的空气、粉尘、噪音和污染源，减少职业病。

（五）素养（Shitsuke）

努力提高人员的素养，养成严格遵守规章制度的习惯和作风，这是"5S"管理的核心。没有人员素养的提高，各项活动就不能顺利开展，开展了也坚持不了。所以，抓"5S"管理，要始终着眼于提高人的素养。

素养的要点主要有以下几个方面：

（1）制定服装、臂章、工作帽等识别标准。

（2）制定企业有关规则、规定。

（3）制定礼仪守则。

（4）强化教育训练（新员工强化"5S"教育、实践）。

（5）推动各种精神提升活动和各种激励活动。

 知识链接6-3："5S"管理的演变

课堂讨论

（一）资料

照搬"5S"管理的尴尬

××集团公司在推行"5S"管理后，行政经理遇到了困难。以前他办公桌上面的文件乱堆乱放，虽然乱但他可以用最短的时间找出需要的文件。如果开会临时需要一个文件，他可以准确地告诉秘书在桌面的什么位置、在哪一叠文件的第几页。但是，按照"5S"管理整理得井井有条后，他反而很难找到需要的文件了。其他几位高层管理者也遇到类似问题。之后，几个高层一起反对，"5S"管理的推行工作被束之高阁。

后来集团公司换了一家顾问公司推行"5S"管理，这家顾问公司不是照搬外来的"5S"管理标准，而是根据高层管理者的习惯，在优化习惯的基础上制定新的"5S"管理标准。这样"5S"管理就很顺利地推行，且收到很好的效果。

（二）讨论：

1. "5S"管理的目的是提高效率、减少浪费（包括质量浪费），如果推行的结果却是降低效率从而增加浪费，推行的必要性是什么？

2. 上述资料给你带来哪些启示？结合实际谈谈企业或学校应如何推行"5S"管理？

3. 请用"5S"管理来衡量一下企业或学校目前的环境管理还有哪些欠缺的地方？

要点：

_____

_____

_____

_____

_____

_____

_____

_____

_____

_____

二、"5S"管理的原则

（一）自我管理的原则

良好的工作环境，不能单靠添置设备，也不能指望别人来创造。应当充分依靠现场人员，由现场的当事人员自己动手为自己创造一个整齐、清洁、方便、安全的工作环境，使他们在改造客观世界的同时，也改造自己的主观世界，产生"美"的意识，养成现代化大生产所要求的遵章守纪、严格要求的风气和习惯。因为是自己动手创造的成果,也就容易保持和坚持下去。

(二)勤俭的原则

开展"5S"管理,就要从生产现场清理出很多无用之物,其中:有的只是在现场无用,但可用于其他的地方;有的虽然是废物,但应本着废物利用、变废为宝的精神,该利用的应千方百计地利用,需要报废的也应按报废手续办理并收回其"残值",千万不可只图一时处理"痛快",不分青红皂白地当作垃圾一扔了之。对于那种大手大脚、置企业财产于不顾的"败家子"作风,应及时制止、批评、教育,情节严重的要给予适当处分。

(三)持之以恒原则

"5S"活动开展起来比较容易,可以搞得轰轰烈烈,在短时间内取得明显的效果,但要坚持下去、持之以恒、不断优化就不太容易。不少企业发生过一紧、二松、三垮台、四重来的现象。因此,开展"5S"管理,贵在坚持。为将这项管理坚持下去,首先,企业应将"5S"管理纳入岗位责任制,使各部门、每个人都有明确的岗位责任和工作标准;其次,要严格、认真地做好检查、评比和考核工作,将考核结果同各部门和每个人的经济利益挂钩;最后,要坚持不断提高现场的"5S"水平,即要通过检查,不断发现问题、解决问题。因此,在检查考核后,还必须针对问题,提出改进的措施和计划,使"5S"管理坚持不断地开展下去。

 **案例学习 6-4**

××区企业推行"5S"管理模式初见成效

××区部分企业结合自身特点推行了一套规范、严格的科学管理方法。企业在实施这套"5S"管理方法后,不仅提高了安全生产水平和生产效率,还降低了企业管理成本,有利于推动企业健康发展。

经过两年的努力,"5S"管理理念已经渗透到这些企业职工的日常工作中,他们已经养成了事事"讲究"的习惯。企业内外处处井然有序,大大地降低了企业管理成本。一年多的时间,给公司节省了将近 20 万元人民币。

三、"5S"管理的效用

(一)减少事故发生,对安全有保障

整洁的工作环境能使人的视野开阔、减少事故的发生。物品摆放有规定,能减少生产工作的盲目性、减少危险发生的隐患。如果区域、通道指示明确,发生意外时就会减少混乱,保障企业生产的安全。

(二)提高效率,降低浪费

如果企业工作气氛良好,同有素养的同事一起工作,就可以使员工心情愉快,提高工作效率。工作场所物品摆放有序,可以使员工得心应手,工作有条理,并且降低工时,减少对材料、部件和工具不必要的浪费。

（三）促进企业标准化、规范化工作

在企业实施规范现场作业，并规范员工行为准则，有利于企业工作纪律的执行，有利于贯彻实施企业的规章制度、操作规程，促进企业标准化、规范化工作。

（四）对产品质量有保障

质量合格不是检验出来的，而是通过严格的管理来实现的。品质保障的基础在于认真对待任何事情，不"马虎"。某企业有这样的话："人人都是检验员，道道工序都把关"，以及"上错下不接，保证做好质量"；但如果员工没有认真的态度，这些就只能是空话，只能是良好的愿望！

（五）增强企业凝聚力，提升员工归属感

在自己创造的清爽的工作环境下愉快地工作，是很有吸引力的。实施"5S"管理可以使员工有成就感、满足感，能够改善、增强企业凝聚力，提升员工归属感。

（六）提升企业形象，是最好的宣传员、推销员

整洁的工作环境会使客户产生信赖感，企业员工也有信心欢迎客户、合作伙伴、政府官员等来参观、学习、宣传报道，以便扩大影响，提升企业的形象。

总之，质量求生存，效益促发展，员工为本，市场主命脉，服务争先机，客户第一。成效是员工创造出来的，"5S"的最大效用在于培养出高素质的员工，从而创造价值，产生效益。

 稳扎稳打

一、单项选择题

1. 以下哪一项不是企业办公室环境布置应遵循的原则？（　　）。
   A. 有利沟通　　　B. 便于监督　　　C. 协调舒适　　　D. 节省空间

2. 办公室环境的布置主要有封闭式与（　　）两种基本形式。
   A. 开放式　　　B. 圆环式　　　C. 半岛式　　　D. 流线式

3. 空气环境管理的"四度"是指空气温度、湿度、清洁度和（　　）。
   A. 流动速度　　　B. 含氢度　　　C. 含氧度　　　D. 二氧化碳浓度

4. 为获得最佳光线，办公室应当（　　）。
   A. 不装窗帘，阳光直射　　　　　　B. 隔绝阳光，使用室内光源
   C. 装百叶窗或隔板　　　　　　　　D. 装薄窗帘和窗纱

5. 办公室的理想声音响度范围为（　　）。
   A. 10 分贝以下　　　　　　　　　　B. 20～30 分贝
   C. 50～60 分贝　　　　　　　　　　D. 70 分贝以上

6. "5S"管理起源于（　　）。
   A. 德国　　　B. 美国　　　C. 日本　　　D. 中国

7. "5S"管理的核心是（　　）。
   A. 整理　　　B. 整顿　　　C. 清扫　　　D. 素养

8. "5S"管理的原则不包括(　　　)。

A. 自我管理的原则　　　　　　　B. 互相监督的原则

C. 勤俭的原则　　　　　　　　　D. 持之以恒的原则

二、判断题

1. 办公室的温度在冬季一般维持在 26 摄氏度左右为最佳。　　　　　　　(　　)

2. 办公室相对湿度一般保持在 40％～60％,最佳湿度状态是 50％左右。　(　　)

3. 办公室的色调应符合员工的生理反应,色调应接近中性。　　　　　　　(　　)

4. 在企业办公室环境卫生管理中,"先污染后治理"的做法是可取的。　　(　　)

5. "5S"管理的核心和精髓是修身,如果没有职工队伍修身的相应提高,"5S"管理就难以开展和坚持下去。　　　　　　　　　　　　　　　　　　　　　　(　　)

6. 整理工作的重点在于坚决把现场物资摆放整齐。　　　　　　　　　　　(　　)

7. 整顿就是把需要的人、事、物加以定量、定位。　　　　　　　　　　　(　　)

8. 清扫是对前三项管理的坚持与深入。　　　　　　　　　　　　　　　　(　　)

三、简答题

1. 结合自身感受,如何看待改善环境同企业工作的关系?

2. 办公室的布置有哪些不同的方案? 分别适合什么类型的工作?

3. 企业绿化同公共场所的绿化有什么差异?

4. "5S"是环境管理的手段,如何理解其对员工素质提升的帮助?

习题参考答案(六)

 项目训练

项目一:

【项目任务】

实地调研了解企业办公室的环境状况,通过访谈办公室工作人员,了解办公环境和工作之间的关系,结合学习内容完成对模拟办公环境的优化设计。

【项目目的】

感受实际办公环境状况,培养环境改进意识。

【项目实施步骤】

1. 学生联系走访学校行政办公室、企业办公室、写字楼等室内工作场所,条件许可时可以拍摄照片。

2. 访谈办公室员工,了解其对办公环境的看法和建议。

3. 根据学生的走访情况,教师从中选定一个办公场所,请学生对其办公环境进行优化设计。

4. 选择课堂时间交流感想,教师评价学生优化环境的设计。

项目二:

【项目任务】

走访当地绿化先进企业,了解其绿化的规划、绿化效果。

【项目目的】

了解绿化管理工作。

【项目实施步骤】

1. 学生参观企业，认识常见绿化植物并拍摄照片。

2. 找到一些企业绿化规划图，结合理论知识进行分析，尝试提出建议。

3. 有条件可以参与绿化管理的一些具体工作，学习一些重点的绿化工作。

4. 学生在课堂上展示照片、交流收获，教师进行评价。

第七章 | 企业安全管理

知识目标

◎ 了解企业安全生产的原则。
◎ 熟悉企业治安管理制度。
◎ 认识企业消防安全组织体系。
◎ 掌握企业安全生产管理的保证措施。

能力目标

◎ 能制定企业安全生产内容。
◎ 能制定企业治安管理制度。
◎ 能完成企业治安管理的指导方针。
◎ 能制定企业消防管理制度。
◎ 能及时处理企业突发治安事件。

素养目标

◎ 培养学生的安全管理能力，加强学生安全意识和行为习惯培养。
◎ 注重学生对企业突发治安事件的应急管理能力培养。

关键词： 企业安全，安全生产，治安管理，消防管理

知识结构

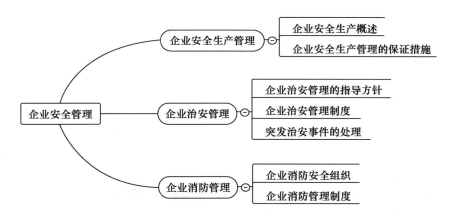

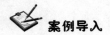 **案例导入**

切尔诺贝利核事故

冰冰在一次看书时，了解到前苏联乌克兰境内曾经发生过一次严重的核事故，后来她查找了相关资料，对这次核事故有了更多的了解和认识。

1986年4月26日凌晨1点23分（UTC＋3），乌克兰普里皮亚季邻近的切尔诺贝利核电厂的第四号反应堆发生了爆炸。连续的爆炸引发了大火并散发出大量高能辐射物质到大气层中，这些辐射尘覆盖了大面积区域。这次灾难所释放出的辐射线剂量是第二次世界大战时期爆炸于日本广岛的原子弹的400倍以上。这场灾难总共损失大概两千亿美元（已计算通货膨胀），是近代历史中代价最"昂贵"的灾难事件。切尔诺贝利核事故被称作历史上最严重的核电事故。切尔诺贝利城因此被废弃。

回望30多年前的切尔诺贝利核事故，今天的铭记是为了警醒世人，在核能的安全运用上，不可存在任何的侥幸心态。

 思考：

（1）切尔诺贝利核事故教训使国际原子能机构制定了《及早通报核事故公约》，请上网查找相关资料了解它的主要内容。

（2）核电作为新能源依然不可或缺，谈谈如何安全利用新能源.

（3）如何实现企业的安全生产？

笔记：

....

....

....

....

....

....

....

....

....

....

第一节　企业安全生产管理

企业的安全生产主要是为保证员工在劳动工作过程中的生命安全、身体健康，不发生安全事故，不影响正常的生产、工作秩序。只有保证企业的安全生产，才能保证企业高效运行。安全生产管理本身就是企业生产的组成部分，是企业行政管理的基本内容。

一、企业安全生产概述

（一）企业安全生产的特点

保证劳动者在生产中的生命安全和健康是组织安全生产工作的基本指导思想。为贯彻安全生产的方针，必须认真研究安全生产的特点。企业劳动安全工作一般具有以下四个特点：

（1）预防性。安全生产必须树立以预防为主的思想，尽一切努力，采取适当措施，消除隐患，防止事故发生。

（2）长期性。企业在生产中的不安全因素是伴随生产活动产生的，只要生产还在进行，客观上就存在不安全因素。所以，安全生产工作是企业一项长期的、经常性的、细致的工作。

（3）科学性。企业生产是建立在现代科学技术基础上的，具有自身的规律性和科学性。只有不断学习有关安全技术的科学知识，总结安全生产的经验、教训，完善安全生产的规章制度，才能掌握安全生产的主动权。

（4）群众性。企业安全生产是与全体员工生命安全与健康密切相关的工作，因而必须建立在广泛的群众基础之上。只有人人重视安全，企业安全生产才有保证。

（二）企业安全生产的原则

为保障企业安全生产，必须坚持一些基本的原则：

（1）安全第一的原则。企业管理的职能部门、管理人员、现场指挥人员、参加生产活动的所有人员，都必须树立安全第一的思想，抓生产首先要抓安全。

（2）以我为主的原则。企业生产的安全工作，应从每位员工自我做起，杜绝依赖性，靠自己的努力去发现并消除不安全因素，确保安全生产的实现。

（3）坚决贯彻"不做、不准做"的危险操作原则。企业凡是规定"不做、不准做"的危险操作，不论任何人、任何理由都不能做。

（4）严格遵守安全生产规程。安全生产规程，是从生产实践中总结出来的，是带有规律性的科学准则。违反安全生产规程，就会造成人身伤亡和财产损失的严重后果。因此，企业生产操作人员必须严格遵守安全生产规程。

（三）企业安全生产的内容

安全生产工作既是企业生产部门的工作，又要由企业行政部门来推进和监督。企业行政管理人员主要的工作内容有以下几个方面：

（1）贯彻执行国家、企业有关安全生产和劳动保护的法律规定及规章制度，努力改善劳动环境。

（2）协助有关生产部门制定企业安全生产的各项规章制度和安全操作规程。

（3）对生产现场进行安全检查，包括综合检查、专业性检查、季节性检查和日常检查（日常检查包括班前检查和班后检查）。当发现问题时，要及时报告有关部门解决。

（4）对企业员工进行安全生产教育，主要是岗位教育以及某些危险岗位的专门安全教育。

（5）企业应组织安全生产用品的采购、发放，做好防护工作，消除事故隐患。

理论联系实际

分组实地考察当地的企业，了解该企业安全生产的有关规定，讨论该企业安全生产有关规定的合理性。该企业的安全生产规定还有哪些需要改进的地方？

记录：

_____

_____

_____

_____

_____

_____

二、企业安全生产管理的保证措施

（一）建立安全生产管理机构

企业安全生产管理机构由生产现场指挥人员、有关部门的负责人、安全员组成，生产现场指挥人员任组长。

机构的主要职责有：审查安全技术措施，督促有关部门贯彻执行；审查生产现场各个岗位是否符合安全卫生及防火、防爆要求，"三废"排放设施是否齐全和符合标准，如不符合，要提出改进意见，督促有关部门落实；审查生产现场操作人员专业技术素质，保证岗位人员持合格证书操作；做好工伤事故的记录、统计、呈报和处理工作；做好工伤事故的分析研究，提出改进和完善安全生产的实施方案，等等。

（二）完善安全生产责任制度

安全生产责任制度，是岗位责任制的重要组成部分。它是根据安全第一的原则，明确规定岗位人员应负的安全责任，强化员工安全意识，实现安全生产的制度。安全生产责任制度应采取逐级责任制，建立从职能部门到车间班组领导的层层负责制。每年初与各车间及相关科室层层签订劳动安全责任书，明确各企业行政一把手是劳动安全工作第一责任人，并进一步量化、细化，落实到个人。各级、各层次和职能部门要各负其责，加强协作，经常检查。落实安全生产责任制要实行检查签字制度，根据危险源的分布及安全工作实际，确定岗位人员检查范围，做到班组工段每天查、车间领导每周查、挂钩领导半月查、主管领导每月查。印制安全检查记录本，检查人员按规定时间深入岗位检查并且签字，并及时反馈、处理事故。总之，要把安全生产职责层层落实到各职能部门、车间、职工，使"安全"融入工作中。

 理论联系实际

分组实地考察当地的企业，了解该企业哪些部门和人员制定了安全生产责任制度，讨论该企业的安全生产责任制度是否全面。请详细了解该企业安全生产部门的生产责任制度的相关规定,讨论该生产部门的生产责任制度有关规定的合理性以及该生产部门的安全生产责任制度还有哪些需要改进的地方。

记录:

....

....

....

....

....

....

....

....

....

(三)强化安全生产教育

强化安全生产教育是提高职工自身安全意识和安全技能,增强遵守劳动纪律的自觉性,落实党和国家安全生产方针政策,预防事故发生,保证劳动安全的重要途径。安全生产教育工作可以利用广播、黑板、例会等方式经常性开展,尤其是在生产任务较重的时期,更要见缝插针地进行安全教育。安全教育的重点对象包括新上岗员工,以及电气、起重、焊接、车辆等安全事故多发的岗位。安全生产教育的基本内容包括以下几个方面:

1. 安全思想教育

它是指以提高企业员工安全素质和安全意识为宗旨,正确处理安全与生产的关系,严格执行劳动纪律,保证安全生产。

2. 安全技术知识教育

它的内容包括一般生产知识教育和专业安全技术知识教育。

(1)一般生产知识教育。包括:生产现场的一般生产概况;生产技术过程;作业方法;各种机具设备性能,产品的构造、性能、规格等;危险设备,危险区域及其安全防护的基本知识;有关电器设备的基本知识;起重机械和厂内运输的有关安全知识;有毒、有害物质的安全防护基本知识,等等。

(2)专业安全技术知识教育应根据不同岗位特点确定,如电气作业安全知识、高空作业安全知识、气体作业安全知识、电焊作业安全知识、危险物操作安全知识等。

3. 劳动保护政策、法律教育

提高职工自觉遵守和执行劳保政策、法律、法规的意识,达到严格执行有关劳动保护规定、实现安全生产的目的。

4. 典型经验和事故教育

分析安全生产典型经验和事故,并从中吸取教训,提高企业员工对安全生产的认识。

（四）实行安全生产检查

安全生产检查是保证安全生产的重要环节。通过检查发现不安全因素，采取措施，消除隐患，预防事故发生。安全生产检查的主要内容包括以下几个方面：

（1）查思想。即检查生产现场全体企业员工安全生产的观念和素质，如是否树立安全第一的思想、能否正确处理生产与安全的关系。

（2）查落实。即检查有关安全生产的法规和制度是否得到贯彻落实。

（3）查隐患和查整改。即检查：生产现场劳动条件、安全卫生设施是否符合要求，劳保用品的使用是否得当；劳保设施和各种技术规程的执行情况、厂房建筑物和各种安全防护设备的技术情况是否安全。

（4）查管理制度。即检查：生产现场各项安全管理制度是否健全和完备；各种技术规程、操作方法是否符合客观要求。通过检查，提出改进和修订、补充意见，报有关部门组织落实。

 课堂讨论

（一）资料

安全检查表

安全检查表（Safety Check List，简称SCL）是进行安全检查，发现潜在危险，督促各项安全法规、制度、标准实施的一个较为有效的工具。20 世纪 30 年代，国外就采用了安全检查表，至今仍然是安全系统工程中最基础也是最广泛使用的一种定性分析方法。如表 7-1 所示为××企业安全生产检查表。

表 7-1　　××企业安全生产检查表

检查项目	检查内容	检查情况	整改要求
合法性	证、照情况		
安全机构	有无设立安全生产管理机构和配备专（兼）职安全生产管理人员（50 人以上必须设专职）		
安全生产责任制落实情况	主要负责人、分管负责人、安全生产管理人员及各职能部门、各岗位安全生产责任制建立和落实情况		
建立健全安全生产规章制度和操作规程	1. 规章制度的内容至少有：a. 安全生产工作例会；b. 安全生产的教育和培训；c. 安全生产检查及事故隐患的排查整改；d. 设施、设备的维护、保养、检测；e. 危险作业的现场管理；f. 劳动防护用品的管理；g. 安全生产责任和奖惩；h. 安全生产台账的管理应急救援措施；i. 生产安全事故的报告和调查处理；j. 重大危险源监控；k. 外来施工队伍安全监管；l. 安全生产费用提取和使用；m. 新建、改建、扩建的"三同时"；n. 高处、有限空间作业；o. 其他保障安全生产的内容 2. 各岗位要制定安全操作规程		
安全培训	1. 主要负责人、承包经营者、安全生产管理人员培训、持证情况；2. 新工人上岗前有否经过"三级"安全教育、转岗与复岗安全教育；3. 电工、焊工、起重操作工、场内机动车司机、司炉工等持证情况；4. 相关从业人员是否经过安全培训		

续表

检查项目	检查内容	检查情况	整改要求
安全台账	1. 安全生产台账设置和记录情况；2. 有否参加工伤保险；3. 安全生产专项经费提取及使用情况；4. 是否定期对机电设备进行检查和建立技术档案；5. 应急救援预案制定和演练情况；6. 同一作业区内多个单位的安全管理协议；7. 规章制度和安全操作规程的执行情况		
用电安全	1. 电气线路和设备安装是否符合要求；2. 电器设备有无安全保护（接地或接零）；3. 是否用铜丝代替保险丝；4. 移动电器是否安装漏电保护器		
特种设备安全	锅炉、压力容器、电梯、起重机械、场内机动车辆等特种设备是否定期检验合格		
作业现场	1. 安全警示标志设立情况；2. 有否疏散出口、有否标志、是否畅通；3. 消防器材数量、放置地点、有效期；4. 新建、改建、扩建项目有否实行"三同时"；5. 转动轮应有罩子，传动轴应有套子，操作平台应有栏杆，孔应有盖板；6. 危险场所和岗位有否设立危险因素和防范措施告知牌		
劳保用品	有否按规定发放劳保品并监督、教育职工正确使用		
综合结论			

（二）讨论

1. 讨论一下：上述资料中的××企业的安全生产检查表的内容是否全面？你认为还可以增加哪些方面的具体内容？

2. 安全，是企业一切生产活动最根本的保障；安全，是人类活动最基本的需要，与每个人在生产、生活、娱乐等活动中的行为息息相关；安全，就像人们需要空气一样，一刻不能或缺。请谈谈企业安全生产检查的重要性。

3. 制订切实提高企业安全检查水平的计划，并探讨如何在企业中实施。

✐ **要点：**

....

....

....

....

....

....

....

....

提示： 在安全生产工作中，通过检查避免和降低事故发生的可能性或减弱其危害性，是安全管理工作和检查的目的；良好的安全生产局面是企业全体员工高度重视安全工作，认真落实安全生产管理制度，长期检查、监督管理及整改隐患取得的结果。

（五）做好工伤事故的统计报告和调查处理工作

企业生产的工伤事故具有突发性，而且往往造成严重经济损失和人身伤亡。因此，企业必须高度重视，尽量防止发生工伤事故。但如果发生了工伤事故，就要做好统计、报告和调查处理工作。调查处理的目的在于，找出原因，查明责任，吸取教训，采取措施，防止事故再次发生。

对工伤事故的调查分析，要做到"三不放过"，即：事故原因分析不清不放过；事故责任者和员工没有受到教育不放过；没有采取预防措施不放过。对造成事故的直接责任者和有关人员要严肃处理，触犯刑律者要依法追究其刑事责任。

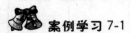 案例学习 7-1

江西丰城发电厂交通管理混乱

2016 年 11 月 24 日，江西省丰城市一座发电厂在建冷却塔施工平台发生倒塌，75 名工友当场被埋。据初步调查，事故与建设施工单位安全管理混乱因素有关。

据丰城电厂事故现场存放的"安全巡查记录本"显示，事发冷却塔存在许多隐患，却未见整改落实。这份"安全巡查记录本"在当年 11 月 15 日之前并未见有记录，而此后的记录只到 11 月 22 日，即坍塌前一天无安全巡查记录。由此可见，丰城电厂施工方的安全巡查形同虚设，安全管理早已漏洞百出。就此次事发冷却塔而言，可能施工方案本身就存在许多问题，加上施工单位没有按照方案施工，而安全监理单位也没有进行指正，事故的发生是必然的。

第二节 企业治安管理

企业治安管理是一项综合的系统工程，是企业为防止盗窃、蓄意破坏、群体活动失控、突发事件等一系列情况而采取的管理工作。

一、企业治安管理的指导方针

（一）行政领导负责，依靠群众

由企业行政领导负责是企业治安保卫管理工作的根本保证。治安管理工作涉及面广、政策性强，只有在统一的指导下，坚持依靠群众的路线，采取各种有效措施，把各方面的力量组织起来，取得广大群众的积极支持和配合，才能搞好。

（二）预防为主，管理从严

预防为主，反映了企业治安管理的基本规律。治安管理工作只有立足于防范，采取各种积极措施，把工作做在前面，才能有效地防止和减少单位各类刑事案件、治安案件和治安灾害事故的发生。管理从严，是治安管理工作的基本要求。治安管理工作必须严格贯彻执行各项治安法规、安全规章制度和内部管理制度，严密各项治安防范措施，严肃查处各类违法犯罪活动，有效地控制各类突发性案件，堵塞漏洞，不留空隙，消除隐患，才能维护企业正常的治安秩序。

（三）及时处理，保障安全

保障安全是企业治安管理的目的，是为企业营造一个安全、可靠的环境提供保障。及时处理、防患未然可以最大限度地控制治安问题的发展。因此，治安保卫人员需要不断地研究新情况，总结新经验，及时发现各类犯罪活动，及时查处治安案件，及时配合公安机关打击违法犯罪分子，这样才能为维护企业治安秩序和稳定做出贡献。

二、企业治安管理制度

企业根据自身的特点，一般都会设立门卫、要害守卫、巡逻等治安管理岗位制度，来开展治安管理工作。因此，企业治安管理制度主要包括治安门卫管理制度、治安要害守卫管理制度、治安巡逻制度、治安防范制度。

（一）治安门卫管理制度

为明确各个岗位的职责和权力，规范其行为，行政人员应该协助制定相应岗位工作制度，如门卫值班制度、保卫交接班制度、保卫器械管理制度、勤务登记制度、请示制度、奖惩制度、押运工作制度等。

1. 门卫值班制度

（1）门卫应认真履行职责，切实做好防火、防盗、防破坏、防治安灾害事故的"四防"工作，确保企业安全。

（2）外来人员联系工作、访问，一律凭有效证件在门卫处登记，方可进入。

（3）企业办公人员下班后，须关闭大门，并对办公大楼进行巡逻检查，确保安全。

（4）门卫要严格遵守值班纪律，不得做与工作无关的私事和擅自离岗。

（5）对外来人员联系工作、会客的门卫要主动询问，做到文明礼貌。对携带易燃易爆物品或无理取闹的，有权阻止其进入企业，发现有影响企业安全的可疑情况要及时报告领导和保卫部门。

（6）对外来人员要求暂寄物品的，应予谢绝。

2. 保卫交接班制度

（1）保卫相互转换岗位时，须认真做好岗位工作记录。

（2）本班最后一岗与下一班交接时，要将本班工作情况详细交代给下一班，以便下一班开展工作。

（3）交班人员将公物转交下一班，并在最后一岗的工作记录栏目里写明下一班接岗人的姓名。

（4）发现问题时，交接双方须当面说明。如果交班人离开后，接班人才发现属于上一班问题的，应立即报告代班班长或部门经理处理。

（5）交接班须正点、守时，非特殊情况，不得超时接班。

（6）接班人未到，交班人不得离岗，否则由此产生的一切后果由交班人负责。

（二）治安要害守卫管理制度

根据上级有关规定和企业实际情况，企业可确定要害部位。为了确定企业要害部位，可由企业有关部门写出书面申请,填写《要害部位审定表》,送保卫部签署意见后,报企业领导审批。批准后,要害重点部位要落实"三铁一器",即:铁门、铁窗、铁柜,防火、防盗报警器。确定有要害、重点部位的单位责任人,在工作上要接受上级主管部门和保卫部门的检查与指导。企业治安要害守卫管理制度一般包括以下内容:

（1）对企业要害部位的工作人员,必须做事先政审工作,防止不可靠人员进入,加强政治思想和安全保卫知识教育,增强敌情观念。

（2）随时注意要害部位工作人员的思想动态,发现异常苗头尽快调查、核实,对不适合在要害部位继续工作的人员,要建议领导和有关部门将其调离;确实因工作需要,暂时不能调离的需经单位领导和主管公安机关批准方可留用,但必须采取绝对可靠措施,保证安全。

（3）非要害部位人员不得无故进入要害部位,确实因工作需要进入要害部位的外来人员必须携带所在单位介绍信,经保卫部门审查后,指定专人陪同,方可进入要害部位。

（4）健全由专人管理要害部位档案、机密文件、图纸、资料等,不得随意传阅。

（5）要害部位发生事故或发生安全隐患时,应立即排除险情并保护好现场,及时向领导和安全保卫部门报告,责成有关部门限期解决,确保要害安全。

（三）治安巡逻制度

企业治安巡逻制度是防止发生企业安全事故的有效方法,为确保企业安全,企业应建立24小时巡逻制度。其主要内容如下:

（1）巡逻人员要自觉遵守国家法律和企业的规章制度,服从领导,听从指挥。

（2）巡逻人员要有高度的责任心,认真履行职责,按时交接班,做好当班记录。严禁在值班巡逻期间做与工作无关的事情。

（3）认真执行巡逻制度,确保巡逻密度。巡逻期间对企业特别是重点部位进行检查,发现问题要及时处理,当班处理不完的应向下班交代清楚,重大问题要及时向领导报告。

（4）巡逻人员应将在巡逻期间发现的违纪员工的情况做好记录,并及时上交到企业各部门处理。

（5）巡逻人员负责整个企业秩序,防止闲杂人员进入办公区和生产区扰乱工作秩序,确保企业安全。

（6）巡逻人员要敢于同违法、违纪、危害企业和员工安全的行为做斗争。

（7）对工作不负责任,发生问题者,按企业有关规定追究责任。

（四）治安防范制度

建立企业治安防范制度可保证公司正常秩序,有效预防各种事故隐患,确保国家、企业、个人财产的安全。其具体内容如下:

（1）企业各部门领导要对本部门的治安防范工作负责,贯彻"谁主管,谁负责"的原则,教育本部门员工提高治安防范意识。

（2）加强现金管理,除财务部可按银行核定限额内存放现金外,其他部门不得存放现金。如因特殊原因,滞留超额现金过夜时,应须经企业领导批准。各部门需用现金须提前向财务部申请,按规定提取。各部门收来的现金,要及时上交财务部,财务部点清后及时存入银行。凡违反规定,出现失盗、丢失等事故,谁违反,谁负责。

(3)加强支票和其他票证、凭证管理,坚持检验、复核制度,堵塞漏洞,防止被盗、受骗;坚持支票、票证签字领取制度,谁领取,谁负责。

(4)财务部房间门窗要采用安全、牢固装置,保险柜要由专人管理,密码要严格控制。白天工作时间,室内要随时有人,室内无人时,要随手锁门,夜间加锁防盗门。

(5)取送数额较大的现金,企业需派两人同行,并由企业派专车取送。

(6)加强对贵重物品、办公设备特别是企业机房的管理。企业各部门对本部门所用设备要有明确的专人负责制,健全管理制度。部门人员变动时要有交接手续,凡因没按规定办交接手续的,谁记录,谁负责。

(7)员工要提高内部治安防范意识,保管好私有财物,不要把现金放在办公室内。室内无人时要关好门窗。

(8)对企业来访客人、客户及其他办事人员,应由前台秘书通知被访人员在前厅会客室接待,任何人未经允许不得擅自进入办公区。

(9)对违反规定发生的盗窃、诈骗等事故,视情节轻重,根据国家及公司的有关规定对责任者给予批评教育、行政处分直至移送司法机关追究刑事责任,并责令赔偿部分或全部经济损失,私人财物的损失由其本人自负。

三、突发治安事件的处理

在企业的治安管理中经常会遇见突发事件。所谓突发事件,就是指在事先没有通知、预兆的情况下,突然发生的,有一定的破坏力、一定的影响力的事件,具有不确定性。在突发事件面前,不但要坚持原则,依据规章制度,同时又要有一定的灵活性,迅速、及时地处理事件,不使事件的影响和矛盾扩大、激化。

(一)治安事件的处理要求

由于突发事件的发生具有不确定性,必须在安全时期就要做好相应准备,才会在事件发生时应对自如。具体要求如下:

1. 思想重视

突发事件可能随时发生,因此在思想上应该重视,不可松懈,要时刻保持警惕,经常巡视检查,特别是一些可能发生重特大事故的部门要更加引起重视。

2. 制度强化

有关部门要制定强有力的规章制度加以保障和约束,力求责任到人,坚决执行"领导一把手负责制"。

3. 准备充分

突发事件的处理能力,必须通过事先的准备来提高。最常见的方式是进行模拟演习,通过模拟可以发现可能出现的问题,从而在物质上以及个人经验上都做好应对的准备。

4. 行动坚决

突发事件一旦发生,有关部门就要迅速采取有效的措施加以控制、处理。这就要求在事发之前要有相关的处理措施,发生后直接按预定的方案实施。

（二）治安事件的处理方法

1. 打架斗殴事件的处理方法

治安人员发现有人打架斗殴,采取的处理方法如下:

（1）积极、果断地劝阻双方离开现场,缓解矛盾,防止事态扩大,同时立即向值班领导报告。

（2）事态严重、有违反治安管理行为甚至犯罪倾向的,应通知当地公安机关前来处理或将行为人扭送公安机关处理。

（3）提高警惕,防止坏人利用混乱偷窃财物。

（4）说服围观群众离开,保证所辖范围内的正常治安秩序。

2. 盗窃案件的处理方法

治安人员发现有人行窃或物品失窃,采取的处理方法如下:

（1）发现盗窃分子正在作案,应设法当场抓获,并报告管理部门及公安机关,连同物证送交公安机关处理。

（2）如果是盗窃案发生后才发现的,应立即报告管理部门及公安机关,同时保护好案发现场,重点是犯罪分子经过的通道、爬越的窗户、打开的箱柜、抽屉等,不能擅自让人触摸现场痕迹和移动现场的遗留物品。

（3）对重大案发现场,需将事主和目击者反映的情况,向公安机关进行详细报告。

3. 自然灾害天气的处理方法

自然灾害天气是指台风、暴雨、暴雪等恶劣天气。它可能会给企业带来严重影响。如果遇到自然灾害天气,应采取的处理方法如下:

（1）在接到气象部门防风、防汛的通知后,行政管理人员要进行总动员,并根据各部门职责做出具体工作布置,积极做好抢险准备工作。

（2）要张贴通知于企业大门,要求员工关好公司门窗,做好应急准备工作;在险情到来之前巡查厂区办公楼,做好补救措施,尽量消除有害隐患,减低损失程度;检查高空悬挂物是否牢固,防止坠落;消防监控中心及治安人员应加强警戒,以防其他事件发生。

（3）准备好防汛工具,加强值班力量,保证人力充足;保证地面排水通道畅通,必要时放下防洪闸。

（4）每次防风、防汛工作结束后,各部门均要填写紧急情况处理记录,并由负责人签字上报存档。

第三节　企业消防管理

消防管理既是一项日常工作,又可能是一项突发事件的管理。企业厂区的物资密集,作业频繁,火灾隐患多,而且企业人员密集,一旦火灾发生时处理困难,造成损失,后果不堪设想。企业消防管理的基本目的是预防火灾发生,对火灾隐患进行整改、治理和排除,最大限度地减少火灾发生率和火灾发生后造成的损失和危害。

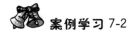
案例学习 7-2

"8·12"天津滨海新区爆炸事故

"8·12"天津滨海新区爆炸事故是一起发生在天津市滨海新区的重大安全事故。2015年8月12日23:30左右,位于天津市滨海新区天津港的瑞海公司危险品仓库发生火灾爆炸事故,造成165人遇难(其中参与救援处置的公安现役消防人员24人、天津港消防人员75人、公安民警11人,事故企业、周边企业员工和居民55人)、8人失踪(其中天津消防人员5人,周边企业员工、天津港消防人员家属3人),798人受伤(伤情重及较重的伤员58人、轻伤员740人),304幢建筑物、12428辆商品汽车、7533个集装箱受损。

一、企业消防安全组织

企业的消防安全需要人人防火、时时防火,力争万无一失。消防安全应由企业行政领导负责,各级参与,形成自上而下的组织体系。

（一）负责人体系

企业要根据"谁主管,谁负责"的原则建立各级的负责人体系。企业法人代表或主要负责人应当是企业消防工作的总体负责人,主要负责贯彻消防管理法规、申报消防审核手续、组织建立消防机构等工作。在企业的部门还要设置部门的消防负责人,进行消防工作的安排、落实,有计划地组织学习教育和消防训练,进行消防工作的督促检查以及整改安排。

（二）消防员队伍体系

企业还要建立一支专职消防人员和义务消防人员结合的消防员队伍,形成消防安全管理人员为主、普通员工为辅的消防网络。企业行政人员负责组织好这支队伍,开展日常的消防安全工作。

1. 专职消防队伍

它主要负责消防工作的管理、指导、检查、监督与落实,进行消防巡逻值班、消防培训、消防检查、消防器材的管理与保养,在火灾发生时协助公安消防队进行灭火工作。对于小型企业,可以由行政保卫人员组成专职消防队伍。

2. 义务消防队伍

它是由企业的在职职工组成,由企业内部选出的,身体素质好、责任心强、勇于献身的普通员工构成。对于人员密集的办公楼,义务消防人员人数一般不少于总人数的10%。义务消防员的主要工作是火灾的日常预防。

消防队伍在火灾处理中还需要明确分工组织。一般由总指挥、警戒组、灭火组、拆卸组、救护组、疏散组等构成。总指挥全盘负责救火的策划、安排,保证救火过程迅速顺利进行;警戒组负责报警,引导消防车和消防人员,迅速打开通道和疏散口,维持秩序,防止有人趁火打劫;灭火组要熟练掌握灭火器和消防栓的使用,按指挥参加灭火行动,抢救贵重和危险物资;拆卸组负责截断电源,拆除抢救的障碍物,设立防火体;救护组负责伤患的抢救、紧急护理、送医院等任务;疏散组负责紧急通知企业员工、闲杂人员、围观群众离开火灾现场。

课堂讨论

（一）资料

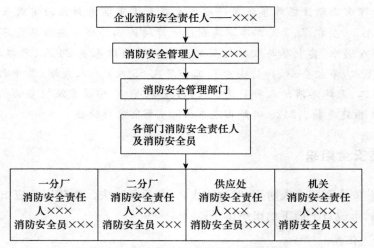

图7-1　××工厂消防安全组织机构图

（二）讨论

讨论一下：上述资料中的××企业的消防安全组织机构图的内容是否全面？结合你自己了解的情况，请将上述图表的内容具体化？

要点：

二、企业消防管理制度

企业的消防管理制度主要包括消防责任制度、防火规定制度、消防设备管理制度和消防检查制度四个方面。

（一）消防责任制度

1. 消防岗位责任制

企业根据"谁主管，谁负责"的原则建立各级消防岗位责任制度，包括企业主管消防岗位责任制度、各部门消防岗位责任制度、安全员和设施维护员消防岗位责任制度、企业员工消防岗位责任制度等。

2. 消防值班制度

它是针对企业值班人员制定的工作制度,包括定时巡查制度、发现火灾隐患及时处理制度、消防设施检查保养制度和交接班制度等。

3. 消防档案制度

它是指要求企业建立消防档案,对火灾隐患及消防设施的位置、状态、功能的情况记录在案,便于随时查阅的一种制度。

（二）防火规定制度

防火规定制度是从预防角度出发,对容易引起火灾的各类行为做出规定,以减少火灾发生的可能。企业常见的防火规定制度见表7-2。

表7-2 企业常见的防火规定制度

内容	规定
易燃、易爆物品	厂区范围(重点区域)严禁烟火;禁止乱扔烟头、火柴;企业电器严禁超负荷使用;办公自动化设备安全用电
公共通道	保持通道畅通;对通道使用的改变需要报消防管理部门批准
消防设施	消防栓、水龙头、喷淋头、烟感器、温感器、警铃、消防电话、消防线路,不得擅自移动、拆除,不得任意使用

（三）消防设备管理制度

企业的消防设施配置后,需要进行定期的保养和维护以保证随时可用。因此,行政人员需要制定消防设备的日常管理制度,主要工作包括以下几个方面:

（1）灭火器应每半年检查一次,到期的应及时更换。

（2）室外消火栓由于处在室外,经常受到自然和人为的损害,所以要经常维护。

（3）室内消火栓给水系统,至少每半年要进行一次全面的检查。

（4）自动喷水灭火系统,每两个月应对水流指示器进行一次功能试验,每个季度应对报警阀进行一次功能试验。

（5）水消防系统,每年进行一次模拟火警联动试验,以检验火灾发生时水消防系统是否能迅速开通投入灭火作业。消防水泵是水消防系统的心脏,因此应每月启动运转一次,检查水泵运行是否正常、出水压力是否达到设计规定值。

（6）高、低倍数泡沫灭火系统,每半年应检查泡沫液及其贮存器、过滤器、产生泡沫的有关装置,对地下管道应至少5年检查一次。

（7）气体灭火系统,每年至少检修一次,自动检测、报警系统每年至少检查两次。

（8）火灾报警系统投入运行2年后,其中的点型感温、感烟探测器要每隔3年由专门清洗单位全部清洗一遍,清洗后应做响应阀值及其他必要功能试验,不合格的严禁重新安装使用。

（四）消防检查制度

消防安全的检查监督工作应进行制度化规定,确保消防工作的贯彻落实。消防检查制度的具体内容包括以下几个方面：

（1）定期检查企业用火、用电的管理情况。

（2）定期检查消防设施的配置、管理情况。

（3）经常检查灭火疏散通道的畅通状况。

（4）经常检查企业各项装置是否正常。

（5）定期检查和保养企业各种消防设备，使之处于良好的工作状态中。

（6）定期检查生产储存过程的消防安全控制情况。

（7）定期或不定期地检查企业办公楼和生产车间的各个部分。

 课堂讨论

（一）资料

表 7-3　××酒店消防设施检查表

检查设施名称		日期	状况
火灾自动报警系统	集中报警柜		
	电梯迫降联动开关		
	风机联动开关		
	水泵联动开关		
	广播系统		
	各楼层消防电话		
	烟感		
	温感		
	广播音响		
	楼层手报		
	消火栓手报		
	管道井内模块		
	水流指示器		
	防火卷闸门		
消防供水系统	地下室消火栓水泵		
	喷淋水泵及控制屏		
	消防水池		
	屋顶消防水箱		
	稳压器		
	各楼层消火栓		
	喷淋头和开关阀门		
消防排烟系统	各楼层送风口		
	排烟口		
	屋顶送风机		
	排烟机		

（二）讨论

讨论一下：表 7-2 中××酒店的消防设施检查表的内容是否全面？结合你自己了解的

情况,请将上述表的内容具体化。

要点:

对检查中发现的隐患问题,还必须督促企业或部门进行整改。在整改的过程中需要注意的原则有以下几个方面:

1. 计划性原则

对消防隐患问题的整改需要列入企业工作的计划安排,不能忽视。一些需要较长时间改进的问题可能要纳入企业未来的建设计划、改造计划,在未能完全解决之前,还要采取一些过渡手段进行管理。计划性整改还突出对改进时间限制的把握,不能随意拖延整改工作。

2. 循环检查原则

企业的消防隐患可能随着时间的推移而发生变化,因此,检查人员不仅需要对已列入企业工作计划安排的消防隐患检查整改情况,还要对企业加强消防安全检查,以便查找出新的消防隐患。

3. 奖惩原则

消防安全事关生命、财产的安全,必须予以重视,并进行强制性的管理。一些企业或人员抱有侥幸心态,为减少成本,甚至对检查出的消防隐患不予理会,对此必须制定相应的奖惩措施,确保整改的贯彻落实。

(五)消防安全教育制度

火灾事故的原因很多,但大多与人的消防意识薄弱、对消防安全重视不够、责任心不强有密切关系。因此,企业要面向企业员工开展消防安全教育。根据企业的具体情况,开展消防安全教育有很多形式可以采用,常用的有宣传板报、宣传画张贴、简报、讲座、广播、座谈、训练班、事故现场分析教育、电视电影播放,知识竞赛等。对于有条件的大型企业还可以专门开设展览室或资料室,存放教学材料或设备展示。

消防安全教育的内容主要包括以下两个方面:

1. 增强消防意识和社会责任感

企业行政人员通过对火灾及其危害的介绍,让员工形成"警钟长鸣,长抓不懈"的防火意识和自觉遵守消防制度的良好习惯,如不在禁烟区域吸烟、不破坏消防设施、发现隐患及时报告等。

2. 普及消防知识，训练消防技能

消防知识包括防火知识、灭火知识、紧急疏散知识、医护知识等；与之对应的是还要掌握操作技术，如灭火器的使用、逃生的方法、包扎救护的方法等。

知识链接 7-1：遇到火灾基本处理技能

稳扎稳打

一、多项选择题

1. 企业安全生产的特点是（　　　）。
   A. 预防性　　　　B. 长期性　　　　C. 科学性　　　　D. 群众性
   E. 系统性

2. 企业安全生产的原则是（　　　）。
   A. 安全第一原则
   B. 以我为主原则
   C. 坚决贯彻"不做、不准做"的危险操作原则
   D. 严格准时安全生产规程原则

3. （　　　）是企业安全生产管理的保证措施。
   A. 建立安全生产管理机构　　　　B. 完善安全生产责任制度
   C. 强化安全生产教育　　　　　　D. 实行安全生产检查
   E. 做好工伤事故的统计报告和调查处理工作

4. 强化安全生产教育的主要内容包括（　　　）。
   A. 安全思想教育　　　　　　　　B. 安全技术知识教育
   C. 劳动保护政策、法律教育　　　D. 典型经验和事故教育
   E. 特种作业安全培训

5. 实行安全生产检查的主要内容包括（　　　）。
   A. 查思想　　　　B. 查落实　　　　C. 查隐患　　　　D. 查整改
   E. 查管理制度

6. 对工伤事故的调查分析要做到（　　　），对造成事故的直接责任者要严肃处理。
   A. 彻底调查　　　　B. 查明原因　　　　C. 三不放过　　　　D. 吸取教训

7. 企业治安管理的指导方针是（　　　）。
   A. 行政领导负责，依靠群众　　　B. 预防为主，管理从严
   C. 及时处理，保障安全　　　　　D. 严格执行，及时检查

8. 企业消防管理制度包括（　　　）。
   A. 消防责任制度　　　　　　　　B. 防火规定制度
   C. 消防检查制度　　　　　　　　D. 消防通道疏通制度

9. 整改在消防检查中的隐患需要注意的原则有(　　　)几个方面。
　　A. 计划性原则　　　　B. 循环检查原则　　　　C. 奖惩原则　　　　　　D. 责任原则
10. 消防安全教育的主要内容是(　　　)。
　　A. 增强消防意识　　　　　　　　　B. 增强社会责任感
　　C. 普及消防知识　　　　　　　　　D. 训练消防技能

二、判断题

1. 安全生产检查是保证安全生产的重要环节。　　　　　　　　　　　　　　　　(　　　)
2. 企业安全管理是一项综合的系统工程,是企业防止盗窃、蓄意破坏、群体活动失控、突发事件等一系列情况而采取的管理工作。　　　　　　　　　　　　　　　　(　　　)
3. 企业安全生产具有突发性,而且往往造成严重经济损失和人身伤亡。　　　　(　　　)
4. 门卫应认真履行职责,切实做好防火、防盗、防迫害的"三防"工作,确保企业安全。
　　　　　　　　　　　　　　　　　　　　　　　　　　　　　　　　　　　　　(　　　)
5. 企业治安事件的处理要求是思想重视、制度强化、准备充分、行动坚决。　(　　　)
6. 企业安全管理中经常会遇到突发性事件。　　　　　　　　　　　　　　　　(　　　)
7. 企业消防安全需要人人防火、时时防火,力争万无一失。　　　　　　　　　(　　　)
8. 企业法人代表或主要负责人应该是企业消防工作的总体负责人。　　　　　(　　　)
9. 企业应建设一支专职消防人员和负责人结合的消防员队伍。　　　　　　　(　　　)
10. 企业消防安全的监督工作应进行制度化规定,确保消防工作的贯彻落实。(　　　)

三、简答题

1. 如何理解"安全第一,预防为主"这句安全生产口号?
2. 企业治安管理制度主要有哪些内容?
3. 对于企业突发治安事件应如何处理?
4. 企业消防管理制度的主要内容有哪些?

习题参考答案(七)

　项目训练

项目一:

【项目任务】

模拟开展企业安全教育活动,以学生自行设计的形式,学习企业的治安、生产安全、消防安全等管理知识。

【项目目的】

掌握安全管理知识,培养安全意识。

【项目实施步骤】

1. 学生针对企业常见的安全管理问题,收集有关企业安全管理的规章、常识、案例等。
2. 分小组设计安全教育的内容,内容制作尽量丰富多样,例如案例重现、技能演示、现场模拟、知识抢答等。
3. 模拟开展对企业员工的安全教育活动,学习识别安全隐患、处理安全事故。

4. 总结活动的收获,写成体会材料。

5. 教师指导、评价。

项目二:

【项目任务】

模拟企业开展的消防教育活动,由学生自己组织一次消防教育演习,进行灭火操作、人员疏散操作、火灾现场处理等活动演练。

【项目目的】

了解企业消防安全演习的组织流程,学习消防技能,培养消防意识。

【项目实施步骤】

1. 组织学生学习消防演习的相关知识。

2. 学生根据表 7-4 示例的企业消防演习流程,结合学校条件设计出消防演习实训方案。

表 7-4　企业消防演习流程

步骤	要点	说明
1	制订演习计划	由行政部、安全部和生产部等部门管理者协商演习的任务分配,进行人员安排,制订演习计划书
2	通知相关人员	召集演习工作人员开会,明确演习过程中各自的工作任务
3	演习通告	将消防安全演习活动通知会全体员工,明确演习时间、目的、参与人员、指挥人员和演习流程等
4	演习执行过程	包括演习准备阶段、现场疏散演练、现场医疗救治、灭火器材使用、演习总评讲解、演习现场清理等
5	演习总结报告	对演习过程进行总结,对表现好的部门或个人进行表扬,对不足的地方进行说明,加深大家对消防安全的认识

3. 做好消防演习的相关准备事项。

4. 按照消防演习方案进行演习实训。

5. 教师进行实训总结。

参 考 文 献

［1］肖玉波.行政办公管理工具大全［M］.北京：人民邮电出版社,2011.

［2］尹秀美.行政管理流程及费用管控实务一本通［M］.北京：中国铁道出版社,2017.

［3］肖文键.一本书读懂行政管理［M］.天津：天津科学技术出版社,2017.

［4］王永挺.行政管理流程设计与工作标准［M］.2版.北京：人民邮电出版社,2012.

［5］吴琼.行政管理实战全案［M］.厦门：鹭江出版社,2011.

［6］郝惠文.行政经理岗位职业技能培训教程［M］.广州：广东经济出版社,2007.

［7］李建华.滕宝红企业行政管理总监行政管理实务［M］.广州：广东经济出版社,2009.

［8］徐胜源.企业行政管理理论与实务［M］.北京：中国经济出版社,2012.

［9］敦平,徐赫.行政办公与总务后勤实用工具大全［M］.北京：化学工业出版社,2016.

［10］郝惠文.行政经理岗位职业技能培训教程［M］.广州：广东经济出版社,2007.

［11］黄立新.企业行政管理［M］.北京：人民教育出版社,2016.

［12］罗建华,游金梅.企业行政管理［M］.北京：机械工业出版社,2017.

［13］王景峰.行政管理职位工作手册［M］.3版.北京：人民邮电出版社,2012.

［14］陈明星.金牌行政经理工作指导手册［M］.广州：广东经济出版社,2013.

［15］赵涛,李金水.行政管理制度与表格规范大全［M］.4版.北京：台海出版社,2018.